L'art de RECEVOIR

par Emmanuelle Rivassoux

REJOIGNEZ NOTRE COMMUNAUTÉ DE LECTEURS !

Inscrivez-vous à notre newsletter et recevez des informations sur nos parutions, nos événements, nos jeux-concours… et des cadeaux ! Rendez-vous ici : **bit.ly/newsletterleduc**

Retrouvez-nous sur notre site **www.editionsleduc.com** et sur les réseaux sociaux.

Leduc s'engage pour une fabrication écoresponsable !
« Des livres pour mieux vivre », c'est la devise de notre maison. Et vivre mieux, c'est vivre en impactant positivement le monde qui nous entoure ! C'est pourquoi nous avons fait le choix de l'écoresponsabilité. Un livre écoresponsable, c'est une impression respectueuse de l'environnement, un papier issu de forêts gérées durablement (papier FSC® ou PEFC), un nombre de kilomètres limité avant d'arriver dans vos mains (90 % de nos livres sont imprimés en Europe, et 40 % en France), un format optimisé pour éviter la gâche papier et un tirage ajusté pour minimiser le pilon ! Pour en savoir plus, rendez-vous sur notre site.

Cet ouvrage est une nouvelle édition augmentée du hors-série *Le Journal de la Maison : L'Art de bien recevoir*.
Le Journal de la Maison est une marque du groupe Reworld Media.

Design de couverture : Constance Clavel
Maquette et mise en page : Élisabeth Chardin
Illustrations : Laura Charbonnel

76, boulevard Pasteur
75015 Paris - France
ISBN : 979-10-285-3377-9

L'art de RECEVOIR

par Emmanuelle Rivassoux

Sublimez toutes vos invitations !

LEDUC

SOMMAIRE

TABLES HIVERNALES

TABLES PRINTANIÈRES

TABLES
ESTIVALES

TABLES
AUTOMNALES

AVANT-PROPOS

« Recevoir avec cœur, créer avec passion, savourer chaque instant »

Bienvenue dans ce guide dédié à l'art de recevoir ! Ici, pas de règles rigides ni de stress inutile : l'idée, c'est de vous inspirer, de vous donner des idées simples, mais avec un impact, pour transformer chaque réception en un moment inoubliable. Que vous soyez du genre à préparer un dîner chic ou à organiser une soirée à la bonne franquette entre amis, vous trouverez tout ce qu'il vous faut pour créer un univers qui vous ressemble.

Au fil des pages, on va parler déco, tendance, musique, et bien sûr, on ne manquera pas de s'attarder sur l'importance des fleurs et de la lumière pour sublimer votre table. Vous découvrirez aussi des *moodboards* par saison, remplis d'idées pour renouveler votre style selon le moment de l'année. Que ce soit en plein été avec des couleurs vibrantes ou en automne avec des teintes douces et chaleureuses, chaque saison a ses particularités, alors on vous a concocté des suggestions de déco et de *shopping* pour vous approprier chaque ambiance.

L'objectif ? Vous donner envie de recevoir avec plaisir, sans prise de tête. Ce livre regorge d'astuces accessibles et de conseils pratiques pour que vous puissiez, vous aussi, créer la table parfaite, adaptée à votre style et à l'occasion. Des *playlists* bien pensées pour poser la bonne énergie, des fleurs qui racontent une histoire, des éclairages doux qui mettent l'ensemble en valeur : on a tout prévu pour que vous impressionniez vos invités tout en vous amusant.

Alors, que vous soyez débutant en déco de table ou véritable expert en art de recevoir, ce livre est fait pour vous. Parcourez-le à votre rythme, laissez-vous inspirer par les idées, et surtout, amusez-vous à créer des moments magiques chez vous. Après tout, recevoir, c'est avant tout faire plaisir et se faire plaisir !

Recevoir, c'est avant tout faire plaisir et se faire plaisir !

Ex.

INTERVIEW

Les règles d'or de l'art de recevoir à la française

Nous allons parler de l'art de recevoir à la française, un véritable rituel ancré dans nos traditions. Dès notre plus jeune âge, on nous enseigne des règles de savoir-vivre précieuses qui, au fil du temps, forgent cette élégance et cette convivialité uniques à la France. Entre raffinement et chaleur, c'est tout un art qui fait notre spécificité et charme nos invités !

J'ai eu la chance de recueillir les précieux conseils de France de Heere, coach, conseillère en savoir-vivre et savoir-être, fondatrice de «L'Atelier du Savoir-Vivre» à Versailles. Avec une passion profonde pour l'art de recevoir, elle a créé cet atelier afin de partager les codes de bienséance et les traditions de la Cour, adaptés à notre époque. Pourquoi cet atelier ? « Parce que je suis à Versailles ! », explique-t-elle. En puisant dans l'héritage de cette ville emblématique, elle a voulu transmettre ce qui fait l'essence de notre art de vivre, ancré dans l'histoire et les traditions françaises.

E. R. : France, qu'est-ce que signifie l'art de recevoir ?

F. D. H. : Recevoir des invités en France, c'est bien plus qu'organiser un simple repas : c'est une véritable mise en scène où l'hôte a pour mission de créer une expérience inoubliable.

La table devient le premier acte de cette représentation. Loin de se limiter à sa fonction pratique, elle doit émerveiller dès le premier regard, que ce soit par un jeu de couleurs vibrantes ou une sobriété élégante. Une belle nappe ou des sets de table modernes, chacun peut choisir selon son style, mais l'essentiel est de créer une ambiance qui invite à la convivialité. Les détails sont ce qui fait la différence. Des fleurs fraîches, choisies avec soin et disposées discrètement pour ne pas encombrer, apportent une touche de vie et de raffinement. Les lumières, quant à elles, jouent un rôle subtil, mais essentiel : des bougies de différentes tailles, soigneusement placées, créent une atmosphère douce et intimiste. La musique joue aussi son rôle et donne l'ambiance générale. L'art de recevoir à la française, c'est avant tout une question d'attention. Il s'agit de soigner chaque détail pour que vos invités se sentent accueillis et choyés. C'est cette délicatesse, ce souci du bien-être et du partage, qui fait toute la magie de ces moments passés ensemble.

E. R. : Comment bien dresser « à la française » ?

F. D. H. : Dresser une table à la française suit une logique simple et pratique. Les couverts sont disposés en fonction de l'ordre d'arrivée des plats : on commence par ceux à l'extérieur pour l'entrée, puis on avance vers l'intérieur pour les plats principaux. En général, les couverts à dessert se placent soit devant l'assiette, soit ils sont apportés au moment du dessert. Il ne faut pas surcharger la table avec trop de couverts, mais respecter cette organisation pour que tout soit élégant et fonctionnel.

Concernant les verres, ils sont disposés en ligne, au-dessus de l'assiette. Le verre à eau est placé devant, le verre à vin rouge juste à droite et, s'il y a un verre à vin blanc, il vient à droite de celui du vin rouge. La flûte à champagne se met à gauche du verre à eau, légèrement en retrait.

E. R. : Pourquoi les Français et les Anglais dressent-ils la table différemment, quelle est l'histoire derrière cette tradition ?

F. D. H. : La manière de dresser la table à la française est profondément ancrée dans l'histoire et les habitudes des rois et de la noblesse. À l'époque de Louis XIV, on ne mangeait pas dans une salle à manger dédiée comme aujourd'hui. Les repas avaient lieu dans différentes pièces du château. La table était souvent improvisée : on installait des tréteaux et des planches recouvertes d'une nappe pour cacher la simplicité du mobilier. Cette pratique est à l'origine de l'expression « dresser une table ». Ce n'est qu'avec Louis XV que les choses ont changé. Il a décidé de consacrer une pièce entière au repas : la salle à manger. Avec cette nouvelle pièce dédiée, la table devient permanente, toujours habillée d'une belle nappe, le repas devint alors un moment plus intime et ritualisé. C'est à ce moment-là que les règles du dressage de la table à la française se sont affirmées, notamment la disposition des couverts. En France, les dents des fourchettes et le creux des cuillères sont toujours tournés vers la table. Cela provient de deux raisons. Premièrement, comme la table était recouverte d'une nappe, tourner les piques et le creux des couverts vers le bas offrait une harmonie visuelle. Deuxièmement, il y a une symbolique importante. En France, le repas est vu comme un moment de paix et d'élégance. En tournant les pointes des fourchettes vers la table et les lames des couteaux vers l'assiette, on évite tout signe d'agressivité. En plus, il y avait une croyance religieuse et superstitieuse : les piques des fourchettes, tournées vers le haut, rappelaient la fourche du diable. Pour éviter cette image négative, on les tournait vers la table. En Angleterre, les coutumes étaient différentes. Les Anglais possédaient des tables plus luxueuses avec des bois précieux, sans nappe, ce qui explique pourquoi ils plaçaient leurs fourchettes et cuillères avec les piques et les creux vers le haut. Cela permettait de protéger le mobilier. Là où les nobles français gravaient leurs armoiries sur le dos des fourchettes et des cuillères, les Anglais les gravaient à l'intérieur, soulignant encore cette différence de style et de tradition entre les deux cultures. En somme, le dressage à la française est à la fois esthétique, pratique et symbolique, conçu pour maintenir une harmonie visuelle et un climat de tranquillité à table.

E. R.: Où place-t-on le pain et la serviette ?
F. D. H.: Le pain occupe une place importante à table et est traditionnellement disposé à gauche, au-dessus de la fourchette. Lors des repas très formels, il peut être servi sur une petite assiette à pain. Quant à la serviette, elle se place soit à gauche des fourchettes, soit directement sur l'assiette. Elle fait partie intégrante du dressage de la table et contribue à l'élégance de la présentation.

E. R.: Quelles sont les règles de l'étiquette pour placer ses invités ?
F. D. H: Le placement des invités suit certaines règles de bienséance, qui ont pour but de créer une atmosphère harmonieuse et respectueuse. Traditionnellement, l'étiquette veut que les invités d'honneur soient placés à la droite et à la gauche des hôtes, en alternant entre hommes et femmes dans la mesure du possible.
L'invité d'honneur numéro un est placé à la droite de l'hôtesse, ou de l'hôte s'il n'y a qu'un seul hôte. À gauche se trouve l'invité d'honneur numéro deux. Cette règle permet aux hôtes d'accorder une attention particulière à ces invités privilégiés. Par exemple, si vous recevez avec votre conjoint, l'hôtesse de maison aura un homme à sa droite et un autre à sa gauche, tandis que l'hôte aura deux femmes de chaque côté. Le statut ou l'importance de vos invités joue également un rôle dans leur placement. Les personnes âgées, les personnalités importantes ou celles venant pour la première fois doivent être placées à des places d'honneur.

Il est aussi courant de ne pas séparer les jeunes couples mariés ou fiancés pendant la première année de leur union.

E. R.: Pourquoi un petit retard est-il souvent toléré en France ?
F. D. H.: En effet, on parle souvent du « quart d'heure de politesse », une petite marge de temps accordée aux invités avant le début d'un dîner. Cela permet à l'hôte de finaliser les derniers préparatifs sans se sentir trop pressé. Recevoir chez soi demande une attention minutieuse à de nombreux détails, et c'est parfois un véritable défi d'être à l'heure. Que ce soit pour allumer les bougies, ajuster la musique, ou vérifier une dernière fois la table, il y a toujours un petit détail à régler au dernier moment. C'est pourquoi accorder ce quart d'heure de politesse, qui fait partie de la culture latine, permet de donner un peu de flexibilité à l'hôte sans le stresser. Ce laps de temps supplémentaire permet de peaufiner l'ambiance.

E. R.: Est-il traditionnel d'apporter un cadeau ?
F. D. H.: C'est une pratique qui s'est répandue avec le temps, mais cela n'a pas toujours été le

cas. À l'époque de nos parents ou grands-parents, il n'était pas forcément d'usage d'arriver avec quelque chose. La politesse consistait plutôt à rendre l'invitation à une autre occasion. Si l'on ne pouvait pas rendre l'invitation, apporter un cadeau était alors une manière de montrer sa gratitude. Aujourd'hui, il est effectivement de plus en plus fréquent et apprécié d'apporter un petit cadeau lorsqu'on est invité, même si ce n'est pas une obligation stricte. Cela dépend aussi de la proximité avec vos hôtes. Si la relation est nouvelle, ou si c'est un événement plus formel, il est d'usage d'apporter un cadeau en signe de remerciement. En termes de cadeaux, il n'est pas nécessaire d'opter pour quelque chose de coûteux. Les petites douceurs sont des choix simples et toujours appréciés. Les fleurs peuvent également être une belle attention, mais il est préférable de choisir des fleurs prêtes à poser. Il faut veiller à ce que le cadeau soit léger et non encombrant, afin de ne pas compliquer la tâche de la maîtresse de maison.

E. R.: Y a-t-il des règles de langage à respecter pendant le repas ?

F. D. H.: Aujourd'hui, environ 90 % des Français utilisent l'expression « Bon appétit » pour signifier que les convives peuvent commencer à manger. C'est devenu un code social répandu, bien que cela n'ait pas toujours été le cas dans l'Histoire. Dans les milieux plus attachés aux règles de l'art de recevoir, cette expression est parfois mal vue. Le « bon appétit » fait directement référence au corps, à la digestion, ce qui peut être perçu comme inapproprié dans des contextes plus formels. Souhaiter une bonne digestion, qui sous-entend un bon transit, est une idée qui ne correspond pas toujours aux normes de politesse les plus raffinées. Il est plus traditionnel de commencer à manger quand la maîtresse de maison commence. Historiquement, à Versailles, il n'y avait pas de formule telle que «bon appétit» pour démarrer le repas. Le ton était donné par le roi lui-même. Les invités ne commençaient à manger qu'une fois que le roi avait commencé. L'expression « bon appétit » viendrait plutôt du personnel de service, qui l'utilisait pour informer que tous les invités étaient servis. Dans les règles strictes de l'étiquette, il est préférable de ne pas utiliser cette expression. Aujourd'hui, chacun doit simplement s'adapter à son milieu : certains continuent à l'éviter, tandis que d'autres la considèrent comme une simple formule de courtoisie.

E. R.: Y a-t-il des règles de savoir-vivre pour bien se tenir à table ?

F. D. H.: Le maintien à table est essentiel pour offrir une bonne image et partager un repas agréable avec les autres convives.

VOICI LES PRINCIPALES RÈGLES À RESPECTER...

La posture : il est important de se tenir droit, sans s'avachir. On doit se rappeler que nous avons une colonne vertébrale, donc on évite de s'affaisser ou de se reposer entièrement sur la chaise. Il ne faut pas s'étaler ou se pencher exagérément vers son assiette pour manger.

Les coudes : la fameuse règle qui dit de ne pas mettre les coudes sur la table est toujours valable, surtout pendant qu'on mange. Entre deux plats, il est toléré de poser un coude sur la table, à condition de ne pas s'y affaler, attention à ne pas perdre son maintien !

Utilisation des couverts : il est important de bien tenir ses couverts et de les utiliser avec distinction. On amène la fourchette à la bouche, et non l'inverse : on ne penche pas la tête vers l'assiette, cela pourrait donner une impression de manque de maintien.

Le respect des autres : ne pas parler la bouche pleine, ne pas mâcher bruyamment, et éviter de faire du bruit avec les couverts. Ces règles sont fondamentales pour respecter les autres convives et rendre le repas agréable pour tous.

En somme, bien se tenir à table permet de faire de ce moment un vrai plaisir partagé. L'art de vivre à la française valorise le temps passé à table, chacun doit veiller à ce que cela reste un moment de convivialité, et non une source de désagrément.

L'art de recevoir par Emmanuelle...

Vous avez un repas en vue, mais vous manquez d'idées pour créer une table qui épate ? Pas de panique, vous êtes au bon endroit ! En effet, la déco et le dressage de la table jouent un rôle clé dans la réussite de votre soirée. Bien sûr, ce que vous servez est important, mais ne négligez pas ce qui se passe autour : **l'ambiance commence dès qu'on franchit le seuil de la porte.** Si vous voulez marquer les esprits, pensez à l'ensemble : la vaisselle, la déco, l'éclairage et la musique sont aussi importants que le plat que vous allez mijoter. Que vous receviez en mode décontracté entre amis ou pour un dîner un peu plus chic, l'essentiel est de vous **faire plaisir** tout en mettant à l'aise vos invités. Oui, il y a des règles de déco, mais sachez qu'on peut s'en affranchir et **créer une ambiance qui vous ressemble !**

La clé, c'est l'équilibre. Pas besoin d'en faire trop, mais personne ne veut non plus d'une table négligée après avoir passé des heures en cuisine. Rappelez-vous : on mange d'abord avec les yeux. Un joli décor met en valeur votre repas et éveille les sens avant même la première bouchée.

La touche qui fait la différence ? Une belle composition florale. Elle peut se décliner selon vos envies : un bouquet qui trône fièrement au centre de la table ou un chemin de table fleuri qui s'étire tout au long. Les feuillages sont aussi une excellente option pour créer une déco naturelle, tout en subtilité.

N'oublions pas l'éclairage ! Souvent négligé, il est pourtant crucial. Trop fort et vos invités plissent les yeux, trop faible et ils n'y voient rien. Pour éviter ça, privilégiez un éclairage doux et indirect : un lampadaire bien placé, des bougies qui diffusent une lumière chaleureuse, ou quelques petites lampes pour une ambiance tamisée. C'est l'assurance d'une atmosphère agréable et propice à la convivialité.

Les textiles, eux, apportent confort et style à votre table. Nappes, sets de table, chemins de table, tout y passe ! Si vous choisissez une nappe, assurez-vous qu'elle tombe élégamment de la table. Pas envie de nappe ? Aucun souci, les sets de table sont parfaits pour une ambiance plus décontractée et permettent de structurer l'espace de chaque invité tout en ajoutant une touche déco. Il y en a pour tous les goûts et toutes les occasions.

Et la déco ? Qu'il s'agisse d'un repas festif ou simplement de suivre les couleurs de la saison,

Pour la musique, je vous présente Gilles Luka !

Chez nous, c'est simple : je suis aux fourneaux et à la déco, mais pour l'ambiance sonore, c'est Gilles, mon mari, qui prend le relais. Musicien et expert en la matière, il est celui qui transforme nos réceptions en moments mémorables. Pour la petite anecdote : cela fait 11 ans qu'il s'occupe de la programmation musicale de la cérémonie des Miss France ! Autant vous dire que pour mes soirées, j'ai le même *staff* que TF1... Rien que ça ! Ce que j'adore, c'est qu'il ne fait jamais les choses au hasard. Il y a une vraie réflexion derrière chaque *playlist* qu'il crée. Les titres ne sont jamais choisis ni enchaînés au pif. Gilles sait que la musique peut transformer l'atmosphère d'une soirée, élever une déco déjà superbe ou au contraire, si mal choisie, gâcher l'expérience la plus raffinée. Bref, je suis ravie de pouvoir partager avec vous ce petit morceau d'expertise maison à travers ces pages, et je suis certaine que, grâce à lui, vos soirées auront une ambiance sonore à la hauteur de votre table !

les objets déco sont vos alliés. Bougeoirs, vases, jolis plats et votre plus belle vaisselle peuvent sublimer l'ensemble. Ne vous privez pas de ces petits détails qui changent tout !

La musique, c'est la cerise sur... tout ! Pour parfaire l'ambiance, pensez à adapter votre playlist à l'atmosphère que vous voulez créer. Un fond musical doux et apaisant est idéal pour un dîner intimiste, tandis que des morceaux plus rythmés mettront l'ambiance pour une soirée entre amis. L'important, c'est qu'elle accompagne le moment sans jamais le voler.

Mon petit secret pour une soirée réussie ? Préparez la table avant l'arrivée de vos invités ! Pourquoi ? D'abord pour créer l'effet « wahou » quand ils entrent dans la pièce, ensuite pour profiter de leur présence dès les premiers instants, sans courir partout. Après tout, le plus important, c'est de vous amuser et de laisser parler votre créativité.

Alors, prêt à recevoir avec style et sans vous prendre la tête ? L'essentiel est de vous approprier les codes et de les adapter à votre façon. **Votre table, vos règles, votre plaisir !**

Pour les fleurs, laissez-moi vous présenter Laurence !

Mon amie Laurence, c'est la référence en matière de fleurs. Fleuriste de métier et maintenant enseignante en art floral, elle a ce don incroyable de transformer n'importe quelle composition en véritable œuvre d'art. La bonne nouvelle ? Elle est là pour nous guider dans la création de nos bouquets et décors fleuris. Que ce soit un centre de table majestueux ou un chemin de table délicat, avec Laurence, tout devient possible ! Ce que j'adore, c'est sa capacité à choisir les fleurs avec soin, non seulement pour leur beauté, mais aussi pour leur signification. Oui, chaque fleur a son pouvoir, et Laurence saura nous rappeler tout cela pour que nos tables ne soient pas seulement belles, mais aussi pleines de sens et d'émotion. Grâce à ses conseils avisés, on est sûrs que nos tables seront un vrai ravissement pour les yeux (et le cœur) !

Posez les bases de votre décor

1. Définir un thème

Choisissez un thème simple : une couleur, une saison ou un menu. Ici, l'idée est un style estival et décontracté avec des tons pastel, du blanc et du vert sauge.

2. Choisir la nappe

Pour un effet naturel, optez pour une nappe en lin placée en diagonale afin de laisser apparaître la table en bois. Vous pouvez aussi ajouter un chemin de table ou des sets contrastés.

3. Centre de table

Un centre simple : des fleurs et de la sauge accrochées à une ficelle au-dessus de la table. Préférez des bougies non parfumées pour préserver le parfum naturel des plantes.

4. Éclairage

Des bougies blanches dans des vases créent une ambiance cosy.

5. Dressage

Mélangez vaisselle quotidienne et pièces colorées. Assortissez avec des serviettes et utilisez des planches en bois comme *sets*, pour un contraste naturel. Amusez-vous à bousculer les codes et à poser les verres dans l'assiette !

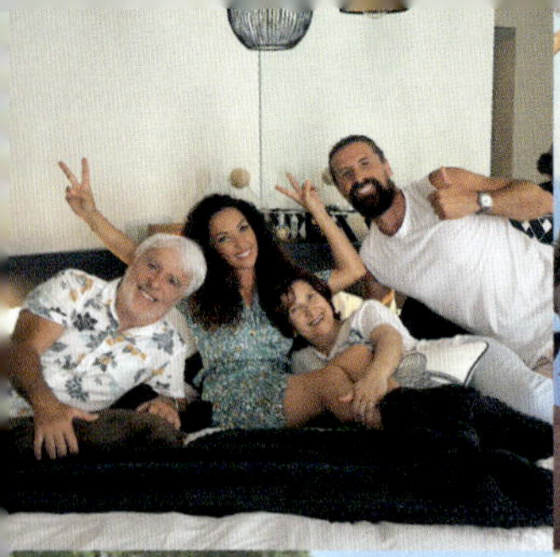

Chez moi, c'est toujours
un défilé de sourires,
d'amis et de famille
que j'adore recevoir,
chaque moment partagé
étant une fête de bonheur
et d'amour !

Coutumes et art de recevoir

Je suis ravie de vous présenter mes amis, qui vont vous transporter à travers les traditions d'hospitalité de leur pays. Du Japon au Maroc, en passant par le Kazakhstan et le Brésil, ils partagent avec vous des coutumes uniques qui révèlent la richesse de ces cultures. Que vous soyez curieux d'apprendre avant un voyage ou à la recherche d'inspirations pour recevoir chez vous, ces témoignages vous offriront de belles idées à piocher et à adapter à vos propres réceptions. Découvrez comment l'hospitalité prend vie partout dans le monde !

***Omotenashi* :** **l'art de l'hospitalité japonaise**

C'est Estelle, une amie chère, créatrice de bijoux, ayant vécu pendant sept ans à Tokyo, qui va nous plonger dans l'univers fascinant de l'art de recevoir au Japon. Elle nous dévoile les subtilités des traditions et coutumes qui entourent l'hospitalité japonaise, nous permettant ainsi de comprendre et d'apprécier la richesse de ces pratiques ancrées dans le respect et l'harmonie.

Estelle : L'art de recevoir au Japon est enraciné dans la tradition de l'hospitalité, *omotenashi*, qui s'exprime à travers une attention méticuleuse portée à chaque détail. Respect et harmonie guident l'hôte dans la création d'une expérience inoubliable pour ses invités.
Avant l'arrivée des invités, la maison est préparée avec soin, et la propreté est

essentielle. À l'entrée, une petite marche sépare symboliquement cette zone du reste de la maison. **Elle marque la frontière à ne pas franchir avec des chaussures**, rappelant l'importance de préserver la pureté des espaces intérieurs. Les sols japonais, souvent en tatami, sont sacrés, car on y mange, on y dort, on y vit. **L'idée est simple :** empêcher les impuretés du monde extérieur d'entrer. Les chaussures sont rangées dans une petite étagère, ou alignées dans l'entrée, toujours tournées vers la porte, un geste symbolique qui montre le respect. L'hôte met à disposition des chaussons qui sont lavés à chaque fois pour les prochains invités. Ces chaussons confortables assurent ainsi une transition douce vers l'espace dédié à la sérénité. Ils sont positionnés dans un sens pour passer la petite marche. C'est hyper organisé !
Un des premiers gestes consiste à offrir un verre d'eau ou un thé qui est prêt sur une petite table, pour que chacun se sente à l'aise. Une tradition qui symbolise la bienvenue.
Dans la tradition japonaise, lorsqu'on est invité chez quelqu'un, il est impensable d'arriver les mains vides. On apporte toujours un petit cadeau, appelé **omiyage**, en signe de respect et de reconnaissance. Ce présent est souvent composé de petits biscuits, de chocolats ou d'autres douceurs, soigneusement choisis pour honorer l'hôte. De la même manière, lorsqu'on reçoit des invités, offrir un petit cadeau en retour est une pratique courante. ***L'omiyage*** fait partie de l'étiquette japonaise, symbolisant le respect mutuel et la gratitude, qu'il s'agisse d'accueillir ou d'être reçu.

L'atmosphère de la maison joue un rôle central. Tout doit être calme et harmonieux. Une lumière douce, des arrangements floraux tels que ***l'ikebana*** (art traditionnel japonais des fleurs) contribuent à créer cette ambiance apaisante, apportant une touche de nature et de sérénité.
L'un des aspects les plus respectés au Japon est **la ponctualité**. Lorsqu'une heure de rendez-vous est fixée, elle doit être scrupuleusement respectée. Pas de « quart d'heure de politesse » comme en France. Si un invité est attendu à 18 h 30, il arrive à 18 h 30 précises. Ce respect du temps est considéré comme un signe de politesse et d'attention envers l'hôte, qui aura minutieusement organisé chaque étape de l'accueil. **Être prêt à l'heure, sans fausse note, est essentiel pour respecter cette tradition.**

À table, la tradition japonaise se révèle dans toute sa splendeur, transformant le repas en une expérience sensorielle inoubliable. Les plats sont sélectionnés en fonction des saisons, utilisant des ingrédients frais et locaux qui se marient avec une présentation impeccable. Chaque assiette, élégamment disposée, devient une œuvre d'art où la beauté des mets est à la hauteur de leur goût. **Le repas se compose souvent de plusieurs petits plats**, chacun offrant une nouvelle découverte : des sashimis délicats, des tempuras croustillants, le miso, et des légumes marinés aux saveurs subtiles. L'hôte, attentif aux besoins et aux préférences de chacun, veille à respecter les allergies et les restrictions alimentaires avec soin. Pour les boissons, l'hôte propose une sélection raffinée et variée de sakés ou de thés. Le saké, cette liqueur de riz prisée, accompagne le repas avec élégance.

Un aspect fondamental de l'art de recevoir au Japon est le fait de servir les autres plutôt que soi-même. Il est de coutume de ne pas se servir soi-même, mais de remplir le verre des autres invités, qui feront de même pour vous.
On attend que chaque convive ait reçu son verre avant de porter un toast avec un ***Kampai !*** Il faut noter qu'en japonais, le terme ***chin-chin*** est évité, car il a une connotation inappropriée, il symbolise le sexe masculin. Si l'hôte propose plus de thé ou de saké, il est poli de ne jamais refuser, mais de répondre par ***Daijobu desu*** (ce qui signifie « je vais bien, tout va bien »).
Toujours pour une question d'hygiène, ***l'oshibori,*** une serviette chaude et humide, est disposée sur un petit plateau en bambou. Elle permet aux invités de se nettoyer les mains avant et pendant le repas. **Tout le monde doit être servi avant que le repas ne commence. *Itadakimasu*** est l'expression de gratitude qui ouvre le repas, elle exprime le respect envers la nourriture et ceux qui l'ont préparée. L'hôte explique toujours les plats, leur origine et les ingrédients utilisés.

L'utilisation des baguettes, élément essentiel de la cuisine japonaise, est régie par des règles précises. Elles ne doivent jamais être plantées verticalement dans la nourriture, un geste considéré comme inapproprié. De même, il est impoli de pointer quelqu'un avec ses baguettes. Lorsqu'elles ne sont pas utilisées, elles doivent être placées sur leur support, appelé ***hashi oki,*** qui est mis à disposition pour éviter que l'extrémité des baguettes, celle en contact avec la bouche, ne touche la table.

Traditionnellement, celui qui reçoit doit privilégier l'écoute plutôt que de mener la conversation. L'objectif est de faire parler l'autre, en se montrant attentif et réceptif, tout en permettant à chacun de profiter du repas dans un cadre serein et respectueux. Il est courant de favoriser le silence. Ce moment de tranquillité est apprécié afin de permettre à chacun de savourer pleinement la nourriture et l'ambiance, sans distraction. Il n'est pas nécessaire de remplir chaque instant de conversation ou de musique ; au contraire, le silence est apprécié. Un silence après une intervention n'est pas un signe de désintérêt ou de mécontentement, mais plutôt un moment où l'interlocuteur réfléchit attentivement à ce qui a été dit. Les Japonais apprécient ce rythme mesuré, car il témoigne d'une écoute profonde et respectueuse.
Sur la table, un bouquet de branches de cerisier en fleurs peut être ajouté, c'est un symbole d'espoir et de réconfort au Japon.
Les chemins de table, souvent ornés de motifs traditionnels, sont préférés aux nappes, ajoutant une note d'élégance.
Ainsi, l'art de recevoir au Japon est un subtil équilibre entre respect des traditions, sens du détail et hospitalité sincère. Chaque geste et chaque élément décoratif visent à créer une atmosphère où les invités se sentent véritablement honorés et valorisés.

La générosité au cœur de la tradition au Kazakhstan

C'est Diana, qui a grandi au Kazakhstan et y a vécu, qui m'a fait découvrir la richesse des traditions de son pays. Maintenant installée en France depuis 23 ans, elle nous raconte avec passion ce mode de vie où l'accueil et la générosité occupent une place centrale. Les Kazakhs ont une manière unique de recevoir, héritée de leurs traditions nomades, où la convivialité et le partage sont au cœur de chaque rencontre.

Diana : L'art de recevoir au Kazakhstan est enraciné dans la culture et les traditions, où **l'hospitalité occupe une place centrale**. À l'origine, les Kazakhs accueillaient leurs invités dans des yourtes, et bien que cela ne se fasse plus que dans certains villages, cet esprit d'ouverture et d'accueil spontané perdure dans le quotidien. Il n'y a pas besoin d'invitation formelle : à tout moment de la journée, un visiteur peut frapper à la porte et sera immédiatement invité à partager un repas, quelle que soit l'heure. « Viens manger » est une phrase qui résonne souvent, soulignant l'importance du partage.

Lorsqu'un invité arrive, il est de coutume de dresser rapidement une table dans la cuisine, même sans préparation préalable. C'est là que tout se passe : on y prépare, on y mange et on y reste longtemps à discuter. En moins de 30 minutes, une hôtesse kazakhe peut disposer un festin varié. Tous les plats sont servis en même temps, sans distinction entre entrée, plat principal ou dessert. L'invité est accueilli avec générosité. Pour montrer tout l'honneur qui lui est fait, on l'installe en bout de table, une place symbolique qui lui accorde le plus grand respect. À l'époque, dans les yourtes, il était placé face à la porte.
Le thé est un rituel incontournable, il est servi non pas dans des tasses, mais dans des bols. Il y a une subtilité à respecter : les bols ne doivent jamais être remplis à ras bord, car cela signifierait que l'on souhaite voir partir l'invité. Au contraire, le thé est versé en petite quantité, incitant à resservir constamment pour prolonger la discussion. Il n'est pas rare d'avoir plusieurs bouilloires prêtes pour que l'hôte puisse veiller à ce que chaque bol soit régulièrement rempli.

La table, au Kazakhstan, est un symbole d'abondance. Elle est garnie d'une multitude de plats salés ou sucrés, où chacun se sert à son rythme. Pendant les festivités, comme les mariages, la générosité se déploie de manière spectaculaire : les portes sont ouvertes à tous, même à ceux qui ne connaissent pas les mariés. Aucune invitation n'est envoyée, chacun est libre de venir célébrer. Les invités n'apportent pas de cadeaux, leur simple présence est un témoignage de joie et de soutien. Au Kazakhstan, recevoir un invité, c'est l'accueillir non seulement à sa table, mais aussi dans son cœur, avec une générosité sans réserve et une attention constante.

Au Brésil, un voyage gourmand

Léo, un ami de longue date originaire de São Paulo, vit aujourd'hui entre Paris et Rio. Artiste et designer talentueux, il forme avec Steph le duo d'artistes pop art "Léo & Steph". C'est grâce à lui que j'ai découvert Rio il y a quelques années, il m'a depuis fait partager sa passion pour la culture brésilienne et ses traditions chaleureuses !

Léo : Le buffet est roi au Brésil ! Que ce soit à la maison ou au restaurant, les Brésiliens adorent offrir une variété de plats sur la table, permettant à chacun de se servir à sa guise. Contrairement à la tradition française, où l'on mange tous ensemble, ici, chacun peut déguster à son rythme. Dans certains restaurants, pas de menu à la carte ! C'est un buffet où l'on paie au poids de son assiette.

Au Brésil, le dimanche, quand on reçoit des amis à la maison, on ne sait pas exactement combien on sera. L'invitation est souple : tu peux inviter 10 personnes et te retrouver avec un groupe aussi grand qu'à un mariage, car les invités peuvent venir avec leurs cousins, leurs voisins, tout le monde est le bienvenu. C'est très convivial, et ils adorent cette spontanéité. On dépose tout sur une grande table, façon buffet, avec des plats chauds et froids. Pendant que les femmes commencent à préparer, les hommes s'occupent du barbecue, une véritable institution. Le *churrasco*, surtout le dimanche, réunit familles et amis autour de viandes grillées à la perfection, comme les cœurs de poulet ou la *picanha*, une pièce de bœuf Angus juteuse à souhait, le tout arrosé de litres de bière et *caïpirinhas* de citron, fruit de la passion ou même caju, et pour les enfants le typique soda au guarana, fruit originaire de l'Amazonie.
Ce qui pourrait sembler maladroit pour nous Français, comme le fait de manger à des moments différents ou de s'isoler dans un coin, est en fait une forme de décontraction au Brésil. Chacun mange quand il veut, sans aucune pression. Si certains veulent continuer l'apéritif, d'autres peuvent déjà commencer à se servir, et tout cela sans aucune formalité. C'est une ambiance très décomplexée, où on profite du moment sans se soucier des horaires. D'ailleurs, la fête se prolonge souvent jusqu'au soir, car quand ils reçoivent ou apportent des plats, c'est toujours en grande quantité. C'est un véritable marathon de convivialité et de bonne humeur !

Voyage au cœur de l'art de recevoir au Maroc

Je vous propose de découvrir l'art de recevoir au Maroc à travers les yeux de mon ami Chaouki, qui maîtrise parfaitement ces traditions ancrées dans la culture marocaine. Il va nous faire partager les secrets de cette hospitalité unique, en nous dévoilant les coutumes, les rituels et les subtilités qui font de chaque invitation un moment exceptionnel. Un art de vivre entre générosité, raffinement et convivialité !

Chaouki : Au Maroc, l'hospitalité est une véritable institution ancrée dans les traditions. Recevoir est perçu comme un privilège et un plaisir, un moment d'honneur où l'on accueille avec générosité. L'art de recevoir marocain est empreint de codes spécifiques, presque cérémoniels, qui s'expriment aussi bien lors des réceptions intimes que des célébrations fastueuses.

Le repas occupe une place centrale dans cette tradition. La table marocaine est généreusement garnie de nombreux mets, avec une variété d'entrées, de plats principaux, de desserts et de boissons telles que des jus et bien sûr du thé. La gastronomie marocaine, riche en saveurs et en textures, est un véritable festin pour les sens. Contrairement à la coutume française, l'objectif n'est pas de terminer son assiette, mais de goûter à un peu de tout. Ici, on ne sert pas de portions individuelles : un grand plat est partagé au centre de la table, où chacun se sert selon ses envies, dans un esprit de convivialité et de partage.

Les parfums d'ambiance, tels que l'encens ou les eaux florales au jasmin et à la fleur d'oranger, participent à créer une atmosphère olfactive délicieusement envoûtante.
La décoration : symbole de l'art de vivre marocain, les salons marocains sont réputés pour leur convivialité. C'est une pièce magnifiquement décorée, du sol au plafond, et pourvue de banquettes aux tissus souvent richement travaillés. C'est un lieu de partage, où l'on reçoit avec élégance, où l'on savoure le traditionnel thé à la menthe, où l'on échange et partage des repas. Dans de nombreuses maisons marocaines, plusieurs salons sont dédiés à l'accueil des invités, certains exclusivement réservés à cet usage. Il existe également des objets précieux, que la maîtresse de maison sort uniquement pour honorer ses invités, comme **l'aiguière en cuivre** finement ciselée, **le samovar**, ou encore **la poire en argent** contenant de l'eau de fleur d'oranger, utilisée pour parfumer les mains des convives à la fin du repas.

Le Maroc, pays de traditions et d'Histoire, se distingue par sa culture riche qui imprègne tous les aspects du quotidien, et particulièrement **l'art de dresser la table.** Ce dressage est une véritable célébration de l'hospitalité, du goût et de l'esthétisme, incarnant l'essence même de la culture marocaine. Chaque repas devient une occasion de célébrer, de partager, d'exprimer l'amour et le respect envers ses invités. La tradition accorde une grande importance à la présentation de la nourriture, qui se doit d'être aussi belle que savoureuse. Le dressage de la table est donc essentiel pour créer une ambiance chaleureuse et accueillante. Elle se distingue par ses couleurs éclatantes, aux motifs élaborés et accessoires traditionnels. Les assiettes, souvent décorées de motifs géométriques ou floraux, reflètent **le savoir-faire artisanal local**. Les verres à thé, les tajines en terre cuite et les lanternes en métal finement travaillées sont des éléments incontournables qui contribuent à l'ambiance chaleureuse. **Les nappes et serviettes, souvent brodées à la main**, viennent parfaire l'ensemble, offrant une expérience à la fois visuelle et gustative inoubliable.

Lorsque vous êtes reçu chez un Marocain pour la première fois, il vous offrira un verre de lait accompagné de dattes, symbole de bienvenue et de prospérité. Ne refusez jamais ce geste, à moins d'y être allergique. Puis vient le thé, souvent servi en plusieurs tournées – un, deux, trois verres, voire plus ! Le thé à la menthe est omniprésent, proposé à tout moment. Pour ceux qui se demandent ce qu'il contient réellement, voici la réponse : un fond de thé vert, une généreuse dose de sucre, de l'eau, et de la menthe fraîche.
Il existe cependant quelques règles à respecter. **Avant de commencer à manger,** il est d'usage d'attendre que le père de famille ou le patriarche

prononce ***Bismillah***, une formule qui rend grâce à Dieu pour le repas. Vous pouvez alors commencer à manger, mais uniquement avec la main droite ! En effet, dans la tradition islamique, la main gauche est considérée comme impure, réservée à des usages personnels comme la toilette. Il est donc impératif de manger avec la main droite (sauf si vous dégustez un sandwich, où l'usage des deux mains est toléré).

Enfin, une petite précision sur le savoir-vivre à table : autrefois, et encore dans certaines familles aujourd'hui, il était de coutume de commencer le repas par les légumes et la sauce, tandis que la viande était consommée en dernier, après avoir été distribuée par le père de famille. Bien que cette pratique tende à disparaître, elle demeure un grand signe de respect lorsqu'elle est encore observée.

QUIZ

Le grand test des bonnes manières

Prêt à voir si vous maîtrisez l'art de la table ? Testez-vous avec ce quiz et découvrez si vous êtes un pro des bonnes manières à table. De la disposition des couverts aux règles de service, c'est le moment de vérifier vos connaissances et d'apprendre quelques astuces pour être au top lors de vos prochains repas !

1 Où est la place du couteau ?

- À droite, le côté tranchant vers l'assiette.
- À gauche, le côté tranchant vers l'assiette.
- À droite, le côté tranchant vers l'extérieur.

2 Où place-t-on la cuillère à dessert et le couteau à fromage ?

- À droite de l'assiette principale.
- Au-dessus de l'assiette, le manche à droite.
- À gauche de l'assiette principale.

3 Le verre à eau est le plus grand. Où est-il placé par rapport aux autres verres ?

- À gauche du verre à vin rouge.
- À droite du verre à vin rouge.
- Devant l'assiette, au centre.

4 Dans quel ordre doit-on utiliser les couverts ?

- De l'extérieur vers l'intérieur.
- De l'intérieur vers l'extérieur.
- Peu importe l'ordre.

5 De quel côté de l'assiette doit-on placer la fourchette à huîtres et à escargots ?

- Devant l'assiette, au centre.
- À gauche de l'assiette.
- À droite de l'assiette.

6 Où place-t-on la serviette en début de repas ?

- Sur la chaise.
- Sur l'assiette.
- À gauche des couverts.

7 Quelle est la règle pour le placement des assiettes ?

- L'assiette à soupe au-dessus de l'assiette principale.
- L'assiette à pain à droite de l'assiette principale.
- Une seule assiette est posée au début du repas.

8 À quel moment doit-on placer les couverts à dessert ?

- Dès le début du repas.
- Juste avant de servir le dessert.
- Ils ne sont pas placés, ils sont apportés avec le dessert.

9 Quelle est la signification d'une fourchette et d'un couteau placés en parallèle sur l'assiette à la fin du repas ?

- Vous avez terminé votre repas.
- Vous souhaitez être resservi.
- Vous faites une pause dans le repas.

10 Comment place-t-on les verres sur la table ?

- En ligne droite devant l'assiette.
- En triangle, avec le verre à vin blanc devant.
- En arc de cercle.

11 Où place-t-on l'assiette à pain ?

- À gauche des verres.
- À droite de l'assiette.
- Devant les verres.

12 Où doivent être placés le maître et la maîtresse de maison ?

- Face à face.
- Côte à côte.
- À chaque bout de table.

13 Où se trouve la place d'honneur de l'invitée ?

- En bout de table.
- À la droite du maître de maison.
- À la gauche du maître de maison.

14 Quelle est la règle pour servir les convives lors d'un repas ?

- On sert d'abord les hommes, puis les femmes.
- On sert les personnes de droite à gauche.
- On sert toujours les femmes en premier.

15 De quel côté doit-on présenter les plats ?

- À la gauche de l'invité.
- À la droite de l'invité.
- Face à lui.

16 De quel côté doit-on servir les boissons ?

- À la droite de l'invité.
- À la gauche de l'invité.
- Face à lui.

17 Quel convive sert-on en premier ?

- Celui placé à la gauche du maître de maison.
- Celui placé à la droite du maître de maison.
- Celui qui est face au maître de maison.

Les réponses :

1. À droite, le côté tranchant vers l'assiette. / 2. Au-dessus de l'assiette, le manche à droite. 3. À gauche du verre à vin rouge. / 4. De l'extérieur vers l'intérieur. / 5. À droite de l'assiette. 6. Sur l'assiette. / 7. L'assiette à soupe au-dessus de l'assiette principale. / 8. Dès le début du repas. / 9. Vous avez terminé votre repas. / 10. En ligne droite devant l'assiette. / 11. À gauche des verres. / 12. Face à face. / 13. À la droite du maître de maison. / 14. On sert toujours les femmes en premier. / 15. À la gauche de l'invité. / 16. À la droite de l'invité. / 17. Celui placé à la droite du maître de maison.

Check-list pour un dîner qui éveille tous les plaisirs !

Voici tous les éléments essentiels pour réussir votre dîner et sublimer votre table en éveillant tous vos sens. Plongez vos invités dans cette aventure sensorielle et transformez votre repas en une expérience inoubliable !

⊘ L'harmonie visuelle

- **Centre de table ou bouquet de fleurs** : Choisissez des fleurs fraîches ou séchées pour apporter douceur et nature dans la maison. Les fleurs symbolisent l'amitié, l'amour et la convivialité.
- **Ambiance lumineuse :** N'oubliez pas les bougies pour une lumière douce et chaleureuse, ou une cheminée si possible. Si c'est un dîner moderne, pensez aux lampes LED pour ajuster l'intensité lumineuse.
- **Décoration selon le thème :** Pop, bohème, gypsy, champêtre… Choisissez des couleurs et des objets déco qui évoquent l'univers que vous voulez créer.
- **Matières :** Selon l'occasion, optez pour une nappe raffinée ou des *sets* de table en matières naturelles (lin, bambou, coton), pour un toucher agréable.

⊘ L'ambiance sonore

- ***Playlist* adaptée :** La musique donne le ton de votre soirée. Pour un anniversaire, choisissez une *playlist* festive et joyeuse. Pour un dîner intime, préférez des mélodies douces et relaxantes. La musique doit être un fond sonore agréable, sans être trop envahissante.

⊘ Les parfums qui envoûtent

- **Bougies parfumées :** Si vous choisissez des bougies, pensez à des senteurs légères et subtiles (vanille, bois de santal, agrumes), pour éveiller l'odorat sans perturber le repas.
- **Parfum naturel :** Si vous avez la chance d'avoir une cheminée, l'odeur du bois brûlé ajoute une touche chaleureuse et réconfortante à la soirée. Votre bouquet ou votre centre de table apportera cette petite touche subtile du parfum de saison.
- **Aromates des plats :** Pensez aussi à la préparation de plats dont les parfums se diffusent doucement dans la pièce, invitant à la gourmandise.

⊘ L'expérience tactile

- **Matières douces et agréables :** Des nappes ou *sets* en lin, coton ou fibres naturelles créent un toucher délicat. Les serviettes en tissu ajoutent une note d'élégance. Pensez aussi aux verres ou assiettes texturés, pour une sensation tactile unique.
- **Accessoires déco** : Les petits objets comme des ronds de serviettes en bois, des porte-couteaux élégants ou des assiettes de bienvenue apportent une expérience sensorielle supplémentaire.

⊘ Le plaisir des papilles

- **Menu gourmand et fait maison :** Des petits plats concoctés maison raviront les papilles de vos invités. Choisissez des ingrédients de saison pour créer des saveurs authentiques et réconfortantes.
- **Accords mets et vins :** N'oubliez pas de sélectionner des vins qui s'accordent avec votre menu, pour compléter l'expérience gustative.

⊘ Les émotions

- **L'attention aux détails :** Des petits cadeaux pour les invités, comme des marque-places personnalisés, renforcent l'aspect émotionnel et créent une expérience encore plus mémorable.

TABLES HIVERNALES

Féerie étoilée

Au fil des saisons, il est facile de renouveler votre déco avec quelques changements : un mur de papier peint, des coussins ou une suspension qui évoluent selon l'ambiance. Simples et accessibles, ces idées permettent d'adapter votre intérieur à chaque saison. Je vais vous montrer comment au fil des pages !

TABLES HIVERNALES

Noël, c'est le moment où tout s'illumine et où l'imagination s'emballe ! Que ce soit pour orner le sapin, dénicher les cadeaux parfaits ou encore habiller la maison de ses plus beaux atours, chaque détail participe à créer une ambiance magique. Cette année, c'est vous qui avez la mission excitante de créer la table de Noël idéale… Pas de stress ! Il existe mille façons de faire sensation. Entre une table esprit « chalet alpin » tout en bois, une ambiance « forêt enchantée » ou même un Noël un peu précieux, les possibilités sont infinies ! C'est l'occasion rêvée de faire briller votre créativité et d'offrir à vos invités une expérience inoubliable. De la nappe aux assiettes, en passant par les petits détails comme les confettis et les mini-sapins, chaque élément compte pour sublimer l'ensemble.

La nappe et le chemin de table

La première étape pour une table de Noël qui en jette, c'est de choisir une belle nappe et un chemin de table ! Imaginez une ambiance digne d'un château, avec des tissus doux et élégants qui transforment l'atmosphère. C'est un vrai plaisir pour le toucher, ça donne ce côté *cosy* et sophistiqué qui fait toute la différence.
Et si vous n'avez pas de nappe assez longue ? Pas de panique ! Vous pouvez tout à fait en mixer deux. Superposez-les ou disposez-les en longueur pour créer un effet unique et surprenant, presque comme un *patchwork* de fête qui attire tous les regards. Que vous soyez fan d'une table épurée ou d'une décoration plus chargée, Noël est le moment parfait pour tout oser ! Si vous rêvez d'une table festive et traditionnelle, c'est l'occasion de sortir la nappe à motifs jacquard ou tartan, pour un effet « grand Noël classique ». Sur cette nappe pleine de caractère, laissez place à des objets qui viennent tout droit du Pôle Nord : petits chevaux en bois scandinaves, maisons enneigées, sapins miniatures et chandeliers. Vous retrouverez l'esprit des Noëls d'antan, avec cette atmosphère qui fait chaud au cœur.

L'arôme envoûtant du sapin

Un joli chemin de table est indispensable pour parfaire l'ensemble. Choisissez-le rouge ou vert pour accentuer l'esprit festif, et pour un petit clin d'œil déco, n'hésitez pas à disposer

quelques boules de Noël aux extrémités. Noël, c'est l'occasion idéale pour faire briller votre table. Rien ne dit plus « Noël » que l'odeur fraîche des branches de sapin ! Pour éveiller vos sens, pourquoi ne pas créer un chemin de table naturel, en disposant des branches de sapin parsemées de petites décorations : boules de Noël, sujets festifs… Laissez cette douce odeur de forêt se répandre dans la pièce, pour une expérience olfactive magique.

Des bougies pour une ambiance chaleureuse

Enfin, le détail qui change tout : les bougies. Elles existent dans toutes les formes et tailles, parfaites pour les adapter à votre style de déco, qu'il soit épuré ou plus festif. La lueur des bougies apportera une chaleur et une douceur incroyables à votre table, pour un Noël absolument enchanteur.

Une vaisselle qui en met plein les yeux

Côté vaisselle, c'est le moment de sortir le grand jeu ! Misez sur des dessous d'assiette, et mixez-les avec des assiettes blanches simples, dorées ou argentées. Ce contraste crée un effet « waouh » instantané. Une présentation élégante et surprenante qui captera tous les regards.

MON CONSEIL MALIN !

C'est le moment idéal pour acheter de jolies serviettes aux motifs de Noël. Si vous êtes adepte du DIY, vous pouvez imprimer ou tamponner des feuilles de houx directement sur des serviettes en tissu, avec de l'encre dorée, verte ou rouge, pour rester dans les tons de Noël. Cela donnera un effet personnalisé et élégant, tout en évoquant subtilement la nature. C'est une manière simple mais raffinée de jouer sur les détails et de faire des serviettes une véritable pièce de déco.

LES ESSENTIELS

Optez pour une jolie nappe aux motifs délicats, que vous pouvez aussi utiliser en chemin de table. Associez-la à des assiettes en céramique rose pâle et des couverts dorés, pour une touche élégante. Disposez des soliflores en verre transparent qui capturent la lumière et reflètent la décoration. Enfin, ajoutez des petites maisons miniatures éclairées pour apporter une ambiance chaleureuse et féerique à votre table !

MON CONSEIL

Pour une touche d'étonnement, optez pour des sapins en suspension au-dessus de la table, créant un effet de nuage floral magique. Ils apportent une odeur envoûtante de forêt qui évoque la magie de Noël. Si le centre de table est incontournable, choisissez l'originalité avec des petits cadeaux disposés en chemin de table. Créez vos photophores pomme de pin en utilisant des cuillères en bois ! Une idée simple et créative pour illuminer votre table avec une touche naturelle et créer une lumière tamisée dans une ambiance chaleureuse et festive.

HIVER PASTEL

Place à des tons doux et apaisants comme le *nude*, le gris clair et le rose poudré. Cette période hivernale nous invite à nous recentrer sur l'essentiel : les échanges chaleureux en famille et entre amis. Misez sur des matières naturelles et de la vaisselle en céramique. Ajoutez quelques touches délicates avec des bougeoirs et des vases pour insuffler l'esprit de Noël, sans surcharge.

MAGIE DE NOËL

Invitez la tradition à votre table de fête ! Elle aussi se pare de rouge et de blanc pour un repas aux couleurs du père Noël. De bons petits plats traditionnels de sa région s'associent à une décoration classique et indémodable, ravissant petits et grands. Pour une touche naturelle et féerique, créez votre chemin de table avec des petits sapins, des bougies et des guirlandes lumineuses.

LES ESSENTIELS

Pour un Noël traditionnel, optez pour un chemin de table en tartan qui apportera une touche chaleureuse et authentique à votre décoration. Complétez cet effet avec des verres à pied rouge, qui viendront sublimer l'ensemble tout en ajoutant une note festive et élégante.

MON CONSEIL

L'esprit de Noël se révèle à travers une table généreuse et chargée, où toute votre belle vaisselle trouve sa place. Multipliez verres et couverts, et créez des chemins de table féeriques en y ajoutant des végétaux, des petits sapins, des bougies ainsi que des guirlandes lumineuses. Pour une touche de tradition, invitez la magie avec une couronne de Noël et des détails en tartan.
Le sapin de Noël, véritable pièce maîtresse de votre décoration, est à sublimer avec des boules en verre et des guirlandes lumineuses suspendues délicatement à ses branches.
Optez pour des décorations aux motifs intemporels en jouant sur l'association du rouge et du doré. Que vous choisissiez un total look ou de petites touches subtiles, ces couleurs emblématiques insufflent une ambiance féerique et magique à votre intérieur.

LES ESSENTIELS

Pour compléter cette table ultra colorée et magique, jouez avec des boules à paillettes étincelantes et des suspensions de personnages tout droit sortis des contes. Associez cela à une jolie vaisselle d'un bleu profond, accompagnée de couverts irisés qui ajouteront une touche d'élégance. Pour la touche finale, parsemez la table de multiples bougeoirs colorés afin de créer une ambiance raffinée et festive.

MON CONSEIL DÉCO

Pour une touche magique, suspendez une belle branche au-dessus de la table et accrochez-y des boules de toutes les couleurs et de toutes les tailles, accompagnées de rubans chatoyants. Cette installation apportera une atmosphère festive, plongeant vos invités dans une ambiance éclatante et joyeuse qui fera briller leurs yeux !

AMBIANCE FÉERIQUE

Dressez une table aux mille couleurs et embarquez pour un voyage joyeux au cœur du partage et de la convivialité ! Imaginez un monde scintillant, rempli de paillettes, de teintes à la fois profondes et lumineuses. Cette ambiance fantastique transformera votre Noël en un moment merveilleux tout droit sorti d'un rêve !

NOËL NORDIQUE

Plongez dans l'ambiance chaleureuse d'un chalet de montagne tout en blanc et bois, accentuée par des touches de vert évoquant la forêt, tandis que les matières naturelles telles que le bois, le papier et la fourrure synthétique apportent une dimension artisanale et végétale. C'est comme une balade magique en pleine forêt, directement dans votre maison !

LES ESSENTIELS

Optez pour des dessous d'assiettes en bois, qui rappellent la nature. Associez-les à de jolis verres en cristal, qui ajouteront tout le raffinement à votre décor. Côté lumière, choisissez des bougies en imitation fourrure pour évoquer la chaleur et le côté cosy de cet univers montagnard. Pour la touche finale, n'oubliez pas un plateau en bois en forme de luge et des coupelles flocons, pour une note ludique et authentique !

MON CONSEIL DÉCO

Pour une astuce déco à la fois naturelle et hyper stylée, transformez des bouteilles en verre en élégants bougeoirs ! Glissez-y des branches de sapin ou d'autres feuillages, et placez-les sur votre table. Cette touche écoresponsable apportera une ambiance chaleureuse et authentique, tout en illuminant vos festivités avec simplicité et raffinement.

LES NUANCES À ADOPTER

Pour rappeler l'esprit de Noël, jouez avec des sapins entourés de guirlandes sous différentes formes : un chemin de table en sapin, des bonbonnières en verre en forme de sapin, des assiettes blanches avec un motif de sapin de Noël, ou encore des sapins lumineux. Ces variations autour du sapin créeront une atmosphère festive tout en ajoutant une subtile cohérence à votre décoration.

FÊTE LUMINEUSE

Créez une table de Noël élégante et lumineuse en associant le blanc et le doré. Des assiettes aux reflets dorés et des chandeliers scintillants insufflent une ambiance chic et raffinée. Quelques touches dorées, comme des boules en verre et des étoiles délicates, apportent la magie festive, où chaque détail rayonne de sophistication.

TRADITION ENCHANTÉE

Cette table classique en rouge et vert célèbre la magie des fêtes avec des motifs de *candy canes* qui apportent une touche ludique et gourmande. Branches de sapin, boules étincelantes et petites figurines festives créent une ambiance chaleureuse et pleine de charme. Chaque détail nous ramène à l'enfance, renouant avec la tradition et l'esprit authentique de Noël.

LES NUANCES À ADOPTER

Laissez-vous séduire par un mélange festif d'assiettes rouges et vertes aux motifs enchanteurs. Ce *mix and match* créera une ambiance chaleureuse qui évoque les souvenirs d'enfance. Ajoutez un chemin de table ou des sets de table, qui apporteront une touche élégante. Complétez avec des bougies, qui illumineront votre table, et pour sublimer votre service, optez pour des verres décorés de motifs de Noël. L'accumulation est de mise : n'hésitez pas à superposer les éléments, pour une table riche en couleurs et en textures.

LES ESSENTIELS

Pour une table à la fois élégante et festive, optez pour un service de table dans des tons bruns et noirs, accompagné de verres assortis qui apportent une touche de sophistication. Pour ajouter une note ludique et scintillante, mettez des champignons décoratifs ornés de boules à facettes qui feront briller votre table. Cette combinaison créera une ambiance chaleureuse tout en ajoutant une dose d'originalité pour vos célébrations de Noël.

MON CONSEIL DÉCO

Pour une touche personnelle, déposez au centre de chaque assiette un petit cadeau, comme une boule de Noël personnalisée au nom de chaque convive, ou des étoiles, ou des cœurs dorés. Ces petites attentions ajouteront aussi une note chaleureuse et intime à votre repas de fête. C'est une belle façon de faire sentir à chacun qu'il est spécial !

NOËL AUDACIEUX

Et si cette année, votre décoration de Noël se parait des couleurs les plus en vogue ? Terracotta, ambre, brun... Osez sortir des sentiers battus en délaissant les teintes traditionnelles ! En mélangeant ces nuances, vous donnerez vie à une déco chaleureuse et originale. C'est une belle façon de réinventer les fêtes de fin d'année !

BRILLANCE ÉLÉGANTE

Classique et résolument chic, la décoration de Noël en blanc et or est une valeur sûre qui ne se démode jamais. Que ce soit dans le sapin, sur la table ou dans toute la maison, l'important est de faire briller sans excès et avec élégance.

LES ESSENTIELS

Pour une décoration raffinée, optez pour un magnifique chandelier en verre et or qui illuminera votre table avec classe. Choisissez des assiettes et des bols en porcelaine blanche ornés d'un liseré doré, présentés sur des sets de table pailletés or. Ajoutez des couverts dorés et des verres délicats, agrémentés d'un fil doré pour une touche d'éclat. N'oubliez pas de mettre ici et là des symboles de Noël : étoiles, sapins, etc., en verre ou en papier, afin de parfaire cette ambiance élégante !

MON CONSEIL DÉCO

Éparpillez des éléments décoratifs dorés ici et là, et multipliez les bougies pour envelopper votre espace d'une douce lumière dorée. Un véritable appel à la magie des fêtes, tout en finesse !

ESPRIT NATURE

Noël empreint de simplicité et de retour aux sources ! Créez une ambiance chaleureuse autour d'une table qui célèbre la nature. Optez pour des motifs à feuilles et des matières brutes, pour une déco authentique et douce. Ainsi, votre table de Noël se transforme en une véritable ode à la nature, à savourer bien au chaud, sans quitter le confort de votre foyer !

MON CONSEIL DÉCO

Apportez une touche gourmande : placez un petit sablé de Noël au pain d'épice au centre de chaque assiette. Ce délice, symbole de la saison, ravira vos convives. Un petit geste plein de charme qui fera fondre le cœur de chacun !

LES ESSENTIELS

Plongez dans la nature avec un élégant *mix and match* d'assiettes aux motifs végétaux délicats en vert et noir, posées sur de charmants dessous d'assiette en bois. Parsemez votre table de petits sapins en bois décorés, apportant une touche ludique et festive. N'oubliez pas d'ajouter de jolis verres pour une transparence raffinée et, afin de couronner le tout, des cocottes individuelles en forme de sapins. Avec cette sélection, la forêt et la nature seront à l'honneur, pour un Noël chaleureux et accueillant !

LES NUANCES À ADOPTER

Le réveillon du Nouvel An, c'est l'occasion parfaite de miser sur des assiettes, des bougies et des photophores dorés, pour une table éblouissante. N'oubliez pas de créer un espace pour vos enfants. Afin de leur créer une ambiance joyeuse, pensez au micro pour des sessions de karaoké endiablées, et à une boule à facettes pour que la piste de danse s'anime. Tout est réuni pour rire, chanter et danser jusqu'au bout de la nuit !

LA SAINT-SYLVESTRE

Misez sur une table pétillante et audacieuse avec des décorations aux effets facettes et holographiques. Entre reflets scintillants et couleurs éclatantes, l'ambiance glamour et festive s'installe, pour une soirée pleine d'éclat. Une façon parfaite de démarrer l'année, en dansant sous les paillettes !

DÎNER EN AMOUREUX

Pour la Saint-Valentin, créez une table qui respire l'amour et la complicité. Pétales de roses et bougies parfumées pour une ambiance intime... Glissez un petit mot doux sous chaque assiette. Chaque détail compte pour célébrer ce moment précieux à deux.

LES NUANCES À ADOPTER

Pour une table des plus romantiques, parsemez-la de cœurs en papier, apportant une touche douce et poétique. Accrochez quelques ballons flottant au-dessus de la table, créant une ambiance délicate. La vaisselle sera raffinée avec des assiettes transparentes bordées de doré, apportant une touche de glamour sans être trop ostentatoire. Quelques bougies réparties ici et là viendront parfaire l'atmosphère intime et tamisée, idéale pour un tête-à-tête romantique. Pour finir en beauté, placez un somptueux bouquet de roses rouges au centre de la table, symbole intemporel de l'amour. Complicité et célébration des sentiments...

Ma shopping list déco

C'est autour de la table que se joue une grande partie de la magie des fêtes de fin d'année. On y partage les repas, les rires et les souvenirs. Pour un réveillon réussi, misez sur des éléments qui brillent ! Le style de votre table reflète aussi votre personnalité. Que vous préfériez une déco minimaliste et élégante en blanc et or, ou une ambiance plus colorée et exubérante, l'important est de créer une atmosphère conviviale et joyeuse. Assurez-vous que votre décoration de table réchauffe les cœurs et fasse de ce moment un souvenir inoubliable pour tous.

Table et chaises

CE QUE J'AIME. Vous êtes entouré d'amis qui adorent passer à l'improviste ? La table à manger rectangulaire extensible s'adapte à toutes vos envies, pour des repas conviviaux et chaleureux.

AVANTAGE. Une fois la fête terminée, elle reprend sa forme originale en un clin d'œil, se fondant facilement dans votre espace. Pratique et élégante, elle est l'alliée idéale pour accueillir vos proches sans compromis sur le style !

Nappe

CE QUE J'AIME. C'est l'ambiance chaleureuse et accueillante qu'elle apporte instantanément à la table. Ses motifs évoquent la nature et les paysages enneigés, créant une atmosphère conviviale qui invite à partager de bons moments.

AVANTAGE. Elle sert de toile de fond pour la décoration, en harmonisant parfaitement les couleurs et les éléments que vous ajoutez. En un clin d'œil, votre table se transforme en un espace élégant et stylé, prête à accueillir vos convives dans un cadre enchanteur !

Verres

CE QUE J'AIME. C'est leur élégance et leur originalité. Imaginez un petit sapin en verre délicatement posé à l'intérieur de chaque verre : c'est à la fois surprenant et raffiné ! Cela ajoute une touche de magie à votre table, tout en apportant une note de sophistication.

AVANTAGE. Ce clin d'œil déco attire l'attention et crée un véritable point focal, rendant votre décoration de Noël mémorable et unique. Un détail qui fait toute la différence et qui fera briller les yeux de vos convives !

Déco nature !

CE QUE J'AIME. C'est l'authenticité qu'elle dégage. Les étoiles en bois, les rondins, le sapin et les couronnes en fibres naturelles apportent une chaleur apaisante qui rappelle la douceur et le calme d'une forêt en hiver.

AVANTAGE. Elle crée une atmosphère sereine, tout en étant respectueuse de l'environnement, avec des matériaux simples qui se fondent harmonieusement dans nos intérieurs.

Sablés de Noël

CE QUE J'AIME. Ces petites douceurs ne sont pas seulement un délice à déguster ; elles deviennent également des éléments décoratifs à part entière. Que ce soit en les disposant sur la table pour créer une ambiance gourmande ou en les offrant à vos convives dans leur assiette, les sablés apportent une touche de chaleur et de convivialité.

AVANTAGE. Ils marquent véritablement l'esprit des fêtes. Leur présence évoque des souvenirs d'enfance et de partage, renforçant les liens entre les invités. De plus, avec des formes variées et des glaçages colorés, ils ajoutent une note festive et joyeuse à votre table.

Tartan

CE QUE J'AIME. C'est l'alliance parfaite entre tradition et élégance. Ce motif écossais intemporel apporte une touche chaleureuse et conviviale à la décoration de table, tout en évoquant l'esprit des fêtes d'hiver. J'aime l'utiliser en touches subtiles, avec des nappes, des chemins de table ou des serviettes, pour créer une ambiance à la fois cosy et festive.

AVANTAGE. Il se marie facilement avec des éléments naturels comme le bois, le pin ou des branches de sapin, tout en ajoutant une note de couleur et de caractère à la déco.

MON DIY DÉCO

Personnaliser ses serviettes

Apportez une touche festive à votre table de Noël avec ce pliage de serviette façon sapin ! Simple et élégant, ce *DIY* fera sensation auprès de vos convives tout en ajoutant une note chaleureuse à votre décoration. Voici comment réaliser ce pliage en quelques étapes faciles.

Matériel :

- Serviettes en tissu ou en papier
- Une table plane pour travailler

Étapes à suivre :

1. Plier une serviette en quatre. Remonter chaque coin, sans marquer la pliure et en les décalant de 2 cm.
2. Plier l'angle supérieur droit vers le milieu.
3. Rabattre la partie de droite puis la partie de gauche.
4. Retourner la serviette.
5. Remonter les pointes les unes après les autres.

Petite astuce déco : glissez quelques fleurs séchées en guise de boules de Noël !

MON DIY DÉCO

Créer des bijoux de bougies ou des décorations pour le sapin

Ajoutez une touche d'élégance à votre décoration avec ce *DIY* en métal repoussé. Que ce soit pour créer des suspensions dorées à accrocher ou des bijoux raffinés à épingler sur vos bougies, ce projet simple apportera une note artisanale à vos festivités. Laissez libre cours à votre imagination et sublimez votre intérieur avec ces créations étincelantes !

MON PETIT PLUS DÉCO

Apportez une touche personnalisée à votre table tout en vous amusant. Sortez vos outils et laissez parler votre créativité !

Matériel :

- Feuille de métal repoussé doré
- Papier calque
- Crayon
- Petite pointe (outil de repoussage) ou stylo Bic usé
- Colle
- Ficelle (pour l'accrocher)
- Ciseaux

Sélectionnez un motif que vous souhaitez reproduire, placez une feuille de papier calque sur votre motif et tracez-le. Prenez le métal repoussé, utilisez un crayon pour reproduire le motif. Appuyez légèrement pour que le dessin soit bien visible. À l'aide d'une petite pointe ou d'un stylo Bic usé, creusez légèrement les contours de votre motif sur le métal repoussé. Appuyez et repoussez délicatement le métal pour gonfler les parties que vous souhaitez mettre en relief. Collez une petite ficelle au dos pour l'accrocher. Ou épinglez-les délicatement sur la cire des bougies.

MES COOKIES DE SAISON

Cookies aux pépites de chocolat et thé matcha

Une douce harmonie de saveurs avec cette recette qui allie le goût légèrement amer du matcha à la douceur fondante du chocolat, créant une expérience gustative inoubliable. Ces cookies sont un délice pour les papilles. Idéaux pour accompagner une tasse de thé chaud ou un chocolat chaud.

Ingrédients pour 8 cookies :

- 1 œuf
- 120 g de beurre ramolli
- 220 g de farine
- 1 cuillère à café de levure
- 130 g de sucre
- Une demi-tablette de chocolat noir pâtissier
- 1 cuillère à soupe de thé matcha
- 1 pincée de sel

Réalisation :

Mélangez le beurre mou, l'œuf et le sucre, puis les autres ingrédients. Ajoutez la poudre de thé matcha en même temps que la farine, puis en dernier les fruits secs et le chocolat haché grossièrement. Faites cuire 10 minutes à 180 degrés.

Galette et couronne des rois

Pour l'Épiphanie, j'aime ajouter une touche personnelle en réalisant sa galette et sa couronne des Rois. C'est une idée à la fois originale et personnalisée qui surprend toujours mes invités.

Chaque couronne est unique, et ils repartent avec ce petit souvenir fait maison qui leur fait vraiment plaisir. Une attention simple, mais qui fait toute la différence et laisse une impression durable !

LES INSPIRATIONS FLORALES DE LAURENCE

« Un peu, beaucoup, passionnément, à la folie »

BOUQUET IDÉAL. L'amaryllis rouge, est la pièce maîtresse de ce bouquet hivernal. Ses grandes fleurs, symbole d'amour profond, attirent le regard. À ses côtés, les anémones jouent la carte de la séduction, avec leurs pétales délicats et vibrants. Ensemble, elles créent une harmonie parfaite, à la fois chaleureuse et pleine de charme. Pour compléter, ajoutez des éléments naturels typiques de l'hiver. L'ilex, avec ses petites baies rouges, apporte une touche de couleur et de texture. Associez-le à des branchages, de l'eucalyptus, et quelques brins de sapinette pour une composition évoquant à la fois la nature et les fêtes.

SYMBOLIQUE DES FLEURS ET DES VÉGÉTAUX. Ce bouquet de fleurs et de végétaux d'hiver symbolise à merveille l'amour, la séduction, et la générosité, des valeurs que l'on aime partager autour de la table en cette période de fêtes.

LA PLAYLIST DE GILLES

Accords & harmonies

La fin d'un cycle, le repos...

- Etta James – At Last
- Billy Paul – Thank you (For This Blessing)
- Novo Amor & Ed Tullett – Alps
- Chet Baker – It's Always You (vocal version)
- Billie Holiday – Solitude
- Doris Day – I'll Be Home for Christmas
- Beau Diako – Flutter (ft. Raelee Nikole)
- Michael McDonald – I Can Let Go Now
- Henri Salvador – Jardin d'hiver
- Nat King Cole – The Christmas Song (Merry Christmas To You)

LE MUST HAVE

Senteurs d'hiver

On adore s'entourer de senteurs réconfortantes et gourmandes. Cannelle, agrumes confits, pain d'épice... ces doux parfums nous enveloppent après une balade, un verre de vin chaud à la main. Allumez une bougie ou diffusez des essences comme « Au coin du feu » ou « Marché aux épices » et laissez la magie opérer... Quel délice !

TABLES
PRINTANIÈRES

Éveil floral

Ma maison s'illumine de fleurs et de couleurs douces. Rien de plus simple pour changer de déco : un papier peint floral et une jolie suspension suffisent à faire entrer la nature. Les petits oiseaux chantent, et la vie reprend ses droits, apportant une fraîcheur revitalisante à mon intérieur.

Le printemps, c'est vraiment l'une de mes saisons préférées ! Les oiseaux chantent à nouveau, les fleurs s'épanouissent, et les journées s'étirent doucement avec l'arrivée tant attendue de l'heure d'été. C'est aussi la période idéale pour renouer avec les déjeuners en famille, autour de belles tables fleuries. Comme Pâques approche à grands pas, c'est l'occasion parfaite de se régaler de chocolats et, surtout, de partager des moments chaleureux en famille autour d'une jolie table. Voici de belles idées inspirantes et originales pour décorer une table printanière et égayer les repas de la saison !

La star de nos campagnes

Pour cette table, j'ai voulu recréer l'esprit d'un pique-nique, même si nous mangerons autour d'une table. Toute la vaisselle est disposée de manière décontractée sur une nappe à carreaux vichy qui insuffle une ambiance joyeuse et pleine de fraîcheur, comme lors d'un pique-nique. Les assiettes et les verres sont empilés, les couverts sont placés dans des paniers, chacun se sert et se passe les éléments ainsi que les plats à table. Cette approche simple et ludique invite à un moment de partage convivial et chaleureux, où la décoration naturelle met tout le monde à l'aise.

L'incontournable touche florale

Rien ne représente mieux le printemps que les fleurs ! Elles s'invitent dans chaque détail de la décoration, dès que les beaux jours pointent le bout de leur nez. Pour donner à votre table un esprit fleuri, les possibilités ne manquent pas : motifs floraux sur les serviettes ou la nappe, ou encore de la vaisselle ancienne ornée de délicates fleurs. Bien sûr, pour couronner le tout, un grand bouquet de fleurs fraîches en centre de table apportera une touche majestueuse et naturelle, parfaite pour sublimer l'ensemble de votre décoration printanière.

Une vaisselle tout en délicatesse

Pour une table printanière pleine de charme, rien de tel qu'une vaisselle aux tons clairs comme le blanc ou le beige. Si vous aimez le style romantique et raffiné, ce look est fait pour vous ! Les assiettes aux lignes épurées apportent une élégance subtile et un caractère unique à votre décoration. Assorties à une ambiance champêtre, elles créent un ensemble délicat et harmonieux. Pour renforcer cette atmosphère bucolique, ajoutez des paniers en osier pour le pain, une petite touche « pique-nique » qui invite à la douceur et à la convivialité des beaux jours.

Un parfum de printemps dans l'air

Le printemps envoûte l'odorat avec ses senteurs délicates. Pour sublimer votre table, intégrez des touches parfumées qui évoquent cette saison si fraîche et vivifiante. Des brins de lilas disposés diffuseront un parfum subtil et floral, parfait pour accompagner vos repas. Vous pouvez également choisir des bougies parfumées aux notes de fleur d'oranger, de jasmin ou de muguet, pour une ambiance olfactive douce et accueillante. Ces senteurs naturelles apporteront une dimension sensorielle rendant vos repas enchanteurs.

MON CONSEIL MALIN !

Pourquoi ne pas créer une délicieuse eau parfumée à base de menthe fraîche et de citron ? Cette boisson désaltérante non seulement éveille les sens, mais ajoute aussi une note estivale à votre table. Elle invite à la convivialité, tout en offrant un rafraîchissement naturel. Mettez-la dans de jolies carafes fermées que vous gardez au frais pour laisser infuser. Servez-la agrémentée d'un brin de menthe en guise de décoration, et profitez de cette délicieuse sensation de printemps à chaque gorgée !

Des plats frais et colorés

Pensez à des salades composées de légumes croquants, des tartes aux légumes de saison ou encore des desserts fruités pour enchanter les papilles. Présentez vos plats de façon élégante pour que la beauté des aliments vienne également stimuler le plaisir visuel, en parfaite harmonie avec votre décoration.

LES ESSENTIELS

Un joli vase en grès blanc, orné d'un tressage en rotin, apporte du style et de la texture. Les bougeoirs effet « terre cuite » renforcent cette ambiance chaleureuse et authentique. Pour une touche poétique, de petits oiseaux décoratifs accompagnent une plante délicate. La vaisselle en grès terracotta complète parfaitement l'ensemble, tandis qu'une guirlande lumineuse ajoute une ambiance douce et féerique à cette décoration florale et harmonieuse.

MON CONSEIL DÉCO

Créez une véritable ambiance de jardin fleuri en garnissant votre cheminée de fleurs colorées ! Ces bouquets lumineux harmonisent votre intérieur et transforment l'espace en un jardin printanier, éveillant les sens, apportant fraîcheur et douceur à votre décor.

FLORAISON JOYEUSE

Pour insuffler une ambiance pétillante à votre table, osez jouer avec les couleurs. Multipliez les jolis bouquets de fleurs colorées et laissez-les transformer votre espace en un véritable jardin. N'hésitez pas à intégrer des touches vives dans votre vaisselle, pour une note bohème. Faites de chaque repas une célébration de la saison !

ÉCLAT PRINTANIER

Laissez libre cours à votre créativité avec une table pleine de charme ! Utilisez vos assiettes du quotidien disposées directement sur votre table en bois pour une ambiance chaleureuse. Misez sur les fleurs du jardin, en les plaçant dans des vases variés ou de vieilles bouteilles, pour une touche originale. Jouez avec les couleurs éclatantes et les transparences pour apporter légèreté et renouveau. Mixez tout avec plaisir et créez un univers qui vous ressemble !

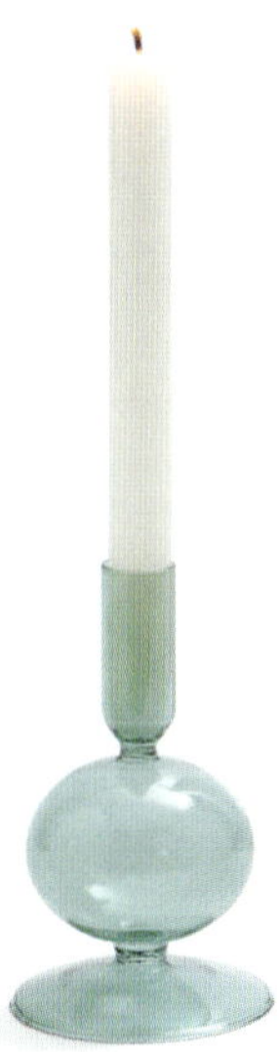

LES ESSENTIELS

Les fleurs multicolores qui inondent la table apportent une énergie joyeuse et vivante. Les bougeoirs en verre coloré, assortis aux teintes florales, ajoutent des touches lumineuses et délicates. Les suspensions en rotin diffusent une lumière naturelle et printanière, tandis que les assiettes en grès vert pâle apportent douceur et élégance. Enfin, de jolis verres légèrement striés complètent cette décoration pleine de vie.

MON CONSEIL DÉCO

Ajoutez une touche d'élégance à votre table avec des bougeoirs hauts. Optez pour des bougies tie & dye ou rayées qui reprennent les couleurs et créent une harmonie visuelle. Ces accents lumineux apporteront à la fois une ambiance chaleureuse et un style raffiné à votre décoration !

LES ESSENTIELS

Autour de la table du salon, de jolis petits tabourets apportent une touche simple et élégante. Pour une atmosphère douce, une bougie parfumée au lait d'amande diffuse une lumière tamisée et apaisante. Un vase en relief ajoute du style, tandis que la touche florale se retrouve dans les assiettes avec des branches d'eucalyptus délicatement peintes. Enfin, la déco *Love* est le détail parfait qui complète cette ambiance zen et authentique.

MON CONSEIL DÉCO

Pour apporter une touche de fraîcheur à votre table, rien de tel qu'un joli bouquet champêtre cueilli dans votre jardin. Mélangez des fleurs sauvages colorées avec quelques herbes aromatiques pour ajouter une note parfumée. Disposez ce bouquet dans un vase en terre cuite afin d'accentuer le style naturel et authentique.

ÉLÉGANCE ÉTERNELLE

Cette décoration repose sur une palette douce et apaisante, avec des nuances de vert sauge, des éléments en bois et du blanc orné de délicats motifs fleuris. Ces couleurs évoquent la tranquillité de la nature et créent une ambiance à la fois rustique et authentique, qui fera de vos repas des moments de douceur et de convivialité !

AMOUR TOUJOURS

Pour un mariage entouré par la nature ou dans une salle, l'important est qu'il respire l'amour et la magie. Optez pour une table aux accents bohèmes et champêtres. Belle vaisselle, nappe délicate et mise en scène poétique, chaque élément doit être soigneusement choisi pour créer une ambiance inoubliable et permettre aux mariés de se dire «oui» dans un cadre accueillant et intime.

MON CONSEIL DÉCO

Ajoutez une touche personnelle en créant de petits cœurs en toile de jute à glisser dans les assiettes, en guise de marque-places. Attachez-y une branche d'eucalyptus qui diffusera un parfum doux et accueillant. Cette délicate attention apportera charme et convivialité à votre célébration !

LES ESSENTIELS

Une guirlande lumineuse suspendue au-dessus de la table apporte une lumière douce et féerique. Les suspensions en verre de petites plantes ajoutent une touche naturelle et aérienne. Sur la table, les verres en cristal feront toute la différence par leur élégance, tandis qu'un chemin de table en jute, parsemé de branches d'eucalyptus, et des bougies créent une ambiance chaleureuse. Pour le confort, des coussins de sol en coton et jute rappellent subtilement le style, tout en invitant à la détente.

LES ESSENTIELS

Des suspensions en papier, légères comme des nuages, créent une atmosphère poétique. Les bougeoirs délicats en verre transparent diffusent une lumière subtile et élégante. Les assiettes en forme de fleurs apportent la touche originale qui fait toute la différence, tandis qu'une pointe de jaune vient rehausser l'ensemble avec des coupelles, un bouquet de marguerites et un citronnier qui peaufine la décoration avec raffinement.

MON CONSEIL DÉCO

Pour ajouter du peps à votre table, intégrez une petite touche de couleur ! Que ce soit avec un bouquet de fleurs vibrantes, des verres colorés ou une serviette ultra graphique joliment nouée dans l'assiette, ces accents colorés égayeront l'ensemble, ils rendront votre table accueillante et joyeuse !

DOUCE NOSTALGIE

Une décoration simple et pleine de charme, rappelant les tables chaleureuses de nos grand-mères. Le blanc, symbole de sérénité, s'invite pour créer une ambiance douce et conviviale, propice aux moments partagés en famille. Comme autrefois, laissez la nature s'exprimer à travers un joli bouquet de fleurs du jardin ou en profitant de la vue apaisante depuis la fenêtre. Ces touches naturelles, si chères à nos aînées, subliment l'ensemble, apportant une atmosphère cosy et authentique. Chaque instant autour de la table devient un moment précieux à savourer !

ANNIVERSAIRE FESTIF !

Pour célébrer des anniversaires inoubliables, des décorations qui s'adaptent aux goûts de chacun ! Des paillettes et des licornes pour enchanter nos petites princesses, des dinosaures pour nos jeunes explorateurs… et bien plus encore, pour satisfaire tous les univers !

LES NUANCES À ADOPTER

Pour une table d'anniversaire haute en couleur, tout est pensé afin de créer une ambiance festive et joyeuse. Les chapeaux et masques apportent une touche ludique, tandis que les bougies sur le thème choisi illuminent la fête. La *piñata* ajoute un moment de *fun* incontournable, et les petites décorations pour le gâteau viennent peaufiner le tout avec des détails adorables. La guirlande *Happy birthday* est la touche finale, les invités sont alors prêts à s'amuser dans une explosion de couleurs et de bonne humeur.

MON CONSEIL DÉCO

Pour une touche originale, suspendez une branche d'arbre au-dessus de votre table et accrochez-y de petits cadeaux pour vos invités, en les mêlant à des feuilles d'arbre. Cela ajoutera une dimension festive et naturelle à votre décoration tout en surprenant vos convives !

LES ESSENTIELS

Les assiettes en grès brut apportent une touche naturelle et authentique, tandis que les bols en bois émaillé aux motifs de feuilles ajoutent une belle harmonie à l'ensemble. Les sets de table en feuilles de Monstera sont l'élément clé qui donne le ton tropical à la décoration. Les bougeoirs verts de différentes hauteurs apportent de la profondeur, et les plantes suspendues complètent cette atmosphère immersive, nous transportant en plein cœur de la végétation, pour un dîner exotique et apaisant.

ESCAPADE TROPICALE

Plongez dans un univers luxuriant qui fait la part belle à la végétation. Pour le centre de table, utilisez de grandes feuilles ainsi que de la mousse afin de créer une ambiance naturelle et immersive. Avec cette table, vous aurez l'impression de vous évader dans une véritable oasis de verdure !

FÉERIE PASCALE

Les couleurs pastel comme le rose poudré, le bleu ciel, le mauve et le jaune clair évoquent la légèreté et le renouveau. Intégrez ces douces nuances dans vos textiles, tout en les rappelant dans vos compositions florales pour illuminer votre table. Ajoutez des œufs colorés et du doré pour une touche festive, créez ainsi une table de Pâques délicate et joyeuse !

MON CONSEIL DÉCO

Ajoutez une touche originale à votre décoration avec un arbre à œufs, une belle tradition de Pâques ! Suspendez des œufs décorés sur des branches pour créer un point focal élégant et joyeux. Placez cet arbre sur votre table pour attirer tous les regards.

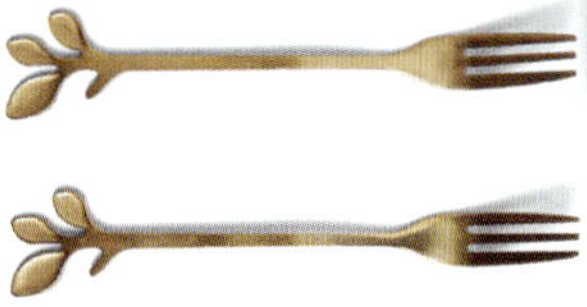

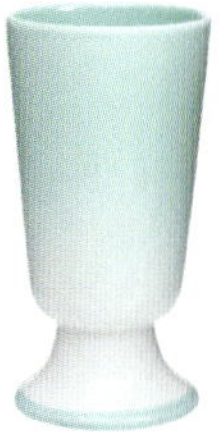

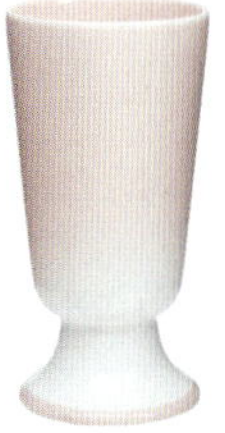

LES ESSENTIELS

Les assiettes et les verres avec des bords dorés apportent une touche de luxe discrète, les couverts dorés viennent compléter l'ensemble avec harmonie. Les petits œufs de Pâques aux couleurs pastel, disposés çà et là, ajoutent une note délicate et festive. Les bougeoirs dans les mêmes tons renforcent cette ambiance douce et sophistiquée, créant une table à la fois chic et élégante pour célébrer Pâques avec style.

LES NUANCES À ADOPTER

Ce sont les petits détails qui donnent le ton à une table et qui font que c'est une table de Pâques. La guirlande en forme de lapin apporte une touche joyeuse, tandis que des mugs ou quelques bibelots rappelant les animaux de la basse-cour ajouteront une note champêtre. Sans oublier l'arbre de Pâques et ses œufs suspendus !

Ensemble, ces éléments créent une ambiance festive et douce, idéale pour une table pleine de charme.

TABLE DE PÂQUES

Pâques fait son grand retour avec ses chasses aux œufs, ses plaisirs chocolatés et ses repas de famille conviviaux. Découvrez notre collection d'art de la table, où les nuances pastel et lumineuses s'accordent parfaitement avec des motifs tendres et des matières brutes naturelles. Célébrons ensemble la douceur et la joie du renouveau de la nature !

Ma shopping list déco

Quand le printemps se réveille et que les fleurs pastel éclosent sur les arbres, c'est le moment parfait pour célébrer le retour des beaux jours autour d'un bon repas en famille. Pour créer une ambiance fraîche et douce, voici six indispensables à intégrer sur votre table. Préparez-vous à partager des moments précieux, à déguster de délicieux plats et à profiter de la magie du printemps !

Table et chaises

CE QUE J'AIME. La table en bois a cette capacité à s'adapter à tous les styles de décoration. Que l'on opte pour une ambiance épurée ou une table fleurie et colorée, elle s'intègre harmonieusement à chaque thématique. Son côté naturel et authentique en fait un véritable atout.

AVANTAGE. Elle reste belle même sans nappe ou sets de table. Le bois apporte chaleur et convivialité, tout en étant suffisamment élégant pour se suffire à lui-même. C'est la pièce maîtresse idéale pour une déco de table qui respire le charme et la simplicité.

Bougies et vases

CE QUE J'AIME. L'accumulation de vases et de jolies fleurs sur la cheminée fait entrer la nature en pleine floraison dans la maison. C'est parfait pour redonner vie à l'intérieur quand le printemps arrive.

AVANTAGE. En ajoutant quelques bougies, on crée une ambiance chaleureuse et accueillante, tout en apportant une touche de fraîcheur naturelle.

Appareil à crêpes & pancakes

CE QUE J'AIME. C'est qu'il incarne la convivialité du printemps. En réalisant des crêpes rondes et dorées, vous évoquez la symbolique celte du retour du printemps.

AVANTAGE. Avoir un appareil à crêpes sur la table crée une expérience interactive et chaleureuse. Chacun peut participer à la préparation de son propre plat, en choisissant ses garnitures préférées, qu'elles soient sucrées ou salées.

Arbre à œufs

CE QUE J'AIME. Il apporte une touche ludique et colorée à la décoration de table. Cet élément festif attire immédiatement l'œil et crée une atmosphère joyeuse qui invite à la convivialité.

AVANTAGE. En ajoutant des œufs décorés de différentes couleurs et motifs, vous transformez votre table en un véritable jardin printanier, où chaque œuf devient une petite œuvre d'art. Vos invités peuvent admirer, toucher et même choisir les œufs qui les inspirent !

Plateau fleuri

CE QUE J'AIME. C'est qu'il fait écho aux jolies fleurs qui s'ouvrent dans le jardin. Ça apporte de la lumière et une touche de gaieté à la maison.

AVANTAGE. Même sur une petite table basse, il décore facilement tout en faisant entrer la nature chez soi.

Couleurs pastel

CE QUE J'AIME. Une nappe légère aux teintes pastel qui évoque la lumière et le renouveau du printemps. Associée à des fleurs de saison, elle apporte une touche naturelle et vivifiante à la table. Choisir une vaisselle délicate, ornée de motifs doux, fait écho aux couleurs printanières, créant ainsi une harmonie visuelle qui enchante l'œil.

AVANTAGE. Les teintes pastel mettent en valeur vos plats tout en ajoutant une note d'élégance, rendant chaque repas spécial et mémorable.

MON DIY DÉCO

Personnaliser ses serviettes

Pour créer une jolie décoration de table sur le thème de Pâques, les serviettes de table offrent de nombreuses possibilités. Transformez-les en adorables animaux en jouant avec les pliages ! Par exemple, en enroulant une serviette autour d'un œuf de Pâques, vous pouvez réaliser de charmantes oreilles de lapin.

Matériel :
- Une serviette en tissu (ici, Carré blanc)
- Un œuf dur
- De la ficelle ou un joli ruban
- Un marqueur pour dessiner

Étapes à suivre :
1. Avec un marqueur, dessinez des yeux, un nez et une bouche sur l'œuf.
2. Dépliez la serviette : étalez votre serviette sur une surface plane, en veillant à la lisser pour éviter les plis.
3. Pliez la serviette en triangle : repliez la serviette en deux pour former un triangle.
4. Ramenez les coins : prenez les coins de la base du triangle et repliez-les vers le sommet. Vous devriez obtenir une forme de losange.
5. Placez l'œuf de Pâques au centre.
6. Enroulez les côtés de la serviette autour de l'œuf.
7. Tirez légèrement sur le haut de la serviette pour créer deux oreilles qui se dressent au-dessus de l'œuf.
8. Nouez avec de la ficelle. Serrez bien pour maintenir le tout en place et glissez une petite fleur.
9. Placez votre création sur chaque assiette !

MON DIY DÉCO

Peindre des œufs de Pâques

Afin d'ajouter une touche originale à votre décoration de table, pourquoi ne pas utiliser votre boîte d'œufs du réfrigérateur pour créer des œufs peints aux couleurs vives ? C'est une idée à la fois économique et rapide, qui plongera immédiatement vos invités dans l'ambiance festive de Pâques ! Voici comment coloriser vos œufs en bleu avec un procédé naturel à base de chou rouge !

Matériel :

- Des œufs (réels ou en plastique)
- ½ chou rouge
- Eau
- Une casserole
- Un récipient pour le bain de couleur
- Un fouet ou une cuillère
- Du vinaigre blanc (facultatif, pour fixer la couleur)

MON PETIT PLUS DÉCO

Amusez-vous à peindre des motifs sur vos œufs ou à ajouter des feuilles d'or, pour une touche élégante et personnalisée !

Dans une casserole, faites chauffer à feu moyen les morceaux de chou pendant environ 30 minutes. Plus vous laissez bouillir, plus la couleur sera intense. Une fois que le liquide a pris une couleur violet foncé, retirez la casserole du feu. Utilisez une passoire pour séparer le liquide des morceaux de chou. Vous obtenez un jus bleu-violet. Plongez délicatement vos œufs et laissez-les tremper pendant environ 30 minutes. Une fois que vos œufs ont atteint la couleur désirée, sortez-les et placez-les sur des piques en bois pour les laisser sécher.

MES COOKIES DE SAISON

Cookie géant à partager aux amandes fumées et chocolat noir

Rien de mieux qu'un délicieux cookie géant pour créer des moments de partage et de convivialité ! Facile à préparer, ce dessert fera sensation lors de vos repas en famille ou entre amis.

Ingrédients pour un cookie géant :

- 1 œuf
- 85 g de beurre ramolli
- 150 g de farine
- 1 cuillère à café de levure
- 85 g de sucre cassonade
- Une demi-tablette de chocolat noir pâtissier
- 2 belles poignées d'amandes fumées (attention, non salées)
- Un peu de rhum ambré ou d'extrait de vanille
- 1 pincée de sel

Réalisation :

Mélangez le beurre mou, l'œuf et le sucre, puis les autres ingrédients. Ajoutez en dernier les amandes et le chocolat, tous deux hachés grossièrement. Faites cuire 10 minutes à 180 degrés.

Coquetiers et poule en papier

Ajoutez une touche ludique et originale à vos repas en créant des coquetiers en papier cartonné avec un motif découpé au cutter ou si, comme moi, vous possédez une machine à découper Cricut, elle fera le boulot à votre place ! C'est un moyen amusant de présenter vos œufs à la coque, une recette simple qui se transforme en une entrée mémorable. En ajoutant une petite poule en décoration sur chaque coquetier, vous apportez une note personnalisée !

LES INSPIRATIONS FLORALES DE LAURENCE

« Un peu, beaucoup, passionnément, à la folie »

BOUQUET IDÉAL. Le printemps marque l'éveil de la nature, avec l'arrivée des roses et des pivoines, parfaites pour créer un bouquet doux et élégant. Ajoutez du muguet pour une touche de fraîcheur et d'espoir, et complétez avec des anémones, aux teintes délicates, pour apporter une note de légèreté. Ce mélange harmonieux évoque la beauté du printemps.

SYMBOLIQUE DES FLEURS ET DES VÉGÉTAUX. Les roses symbolisent l'amour et la beauté, tandis que les pivoines sont associées à la prospérité et à l'honneur. Le muguet, quant à lui, est un porte-bonheur traditionnel, apportant chance et bonheur. Les anémones, elles, représentent la protection et l'espoir. Ensemble, ces fleurs créent un bouquet qui incarne le renouveau et la joie du printemps.

LE MUST HAVE

Senteurs de printemps

Choisissez des senteurs légères comme le jasmin, le lilas ou la fleur d'oranger pour évoquer le renouveau de la saison. Une bougie à la menthe fraîche ajoutera une note vivifiante, tandis qu'une bougie au citron évoquera le soleil et la joie.

LA PLAYLIST DE GILLES

Accords & harmonies

Le renouveau, l'inspiration, le changement...

- Deniece Williams – *Free*
- 4Hero – *Morning Child*
- Jorja Smith – *Where Did I Go*
- Allen Stone – *Sunny Days*
- Jacob Collier – *Never Gonna Be Alone* (ft. Lizzy McAlpine & John Mayer)
- Anthony David – *Something About You*
- Lucky Daye, Victoria Monét – *Little More Time*
- Cleo Sol – *Why Don't You*
- Kandace Springs – *Don't Need The Real Thing*
- Bobby Caldwell – *What You Won't Do For Love*

TABLES
ESTIVALES

Rayons festifs

L'esprit de l'été emplit mon intérieur avec une déco bohème inspirée du bord de mer. J'invite la douceur estivale avec les éléments marins. Je personnalise ma cheminée avec des fleurs colorées. Le bois flotté évoque les plages ensoleillées. C'est une invitation à la détente, dans une ambiance légère et apaisante.

L'été est enfin là ! Le moment est venu de sortir et de savourer ces longues journées ensoleillées. Quoi de mieux que de convier vos amis et votre famille pour un repas délicieux ou un barbecue festif autour d'une table magnifiquement décorée ? Que vous soyez dans votre jardin, au bord de la mer, à la campagne ou même en pique-nique, ces astuces simples vous permettront de transformer une table formelle en une oasis féerique où que vous soyez, tout en restant chic et élégante.

Un souffle de douceur

L'été appelle à la douceur et à la détente. Pour une table estivale ni trop guindée ni trop banale, choisissez de jolis sets de table en matière naturelle. Ils apportent un charme champêtre chic. Vous pouvez également les choisir en lin : avec son effet légèrement froissé, pas besoin de les repasser ! Si vous êtes nombreux ? Pas de panique ! Un vieux drap en lin ou en chanvre ou encore des sets de table en osier feront des merveilles. Envie de fantaisie ? Optez pour une nappe colorée ou à motifs, ajoutez une vaisselle vive et joyeuse.

Un éclat de style et de couleurs

Osez mixer les assiettes et mélanger les styles, pour un effet unique et personnalisé !

Choisissez-les colorées, dans différentes matières – céramique, grès, mélamine –, et ne craignez pas de mélanger les styles. Vous pouvez par exemple créer une ambiance bohème en utilisant des assiettes en terre cuite et des bols en céramique colorée. Pour un style plus moderne et épuré, optez pour des assiettes en porcelaine blanche associées à des éléments en bois naturel. L'important est de jouer avec les couleurs et les textures pour réveiller instantanément votre déco.

Une déco nature et poétique

Lors de votre prochaine promenade, ou dans votre jardin, ramassez quelques fleurs sauvages et créez un bouquet coloré pour embellir votre table. Oubliez le vase traditionnel et faites preuve de créativité en utilisant des objets du quotidien comme des pots de confiture, des bocaux en verre, des pichets ou même des boîtes de conserve décorées avec un ruban en lin. Laissez parler votre imagination et faites de votre table un véritable jardin d'été !

La touche finale magique

Créez une ambiance féerique avec quelques bougies ou photophores dispersés sur la table pour prolonger les soirées d'été. Les bougies spirales, torsades ou aux dégradés pastel sont

particulièrement tendance. Suspendez une guirlande « guinguette » au-dessus de votre table ou placez une fine guirlande de micro LED en centre de table pour une touche lumineuse et enchantée. Les lampes « baladeuses » sont une autre option charmante pour éclairer votre jardin ou terrasse avec style. Ne négligez pas l'importance de l'ambiance sonore. Une douce musique de fond peut faire des merveilles pour créer une atmosphère relaxante et joyeuse.

Une explosion de saveurs

Enfin, n'oublions pas le goût ! Préparez des mets savoureux et colorés qui raviront vos convives. Optez pour des salades fraîches, des grillades variées, et des fruits de saison pour apporter une touche de fraîcheur à votre repas. L'important est de choisir des ingrédients frais et de saison, et de les présenter de manière attrayante. Vos plats doivent être aussi agréables à regarder qu'à déguster !

MON CONSEIL MALIN !

Pour ajouter une touche personnelle et mémorable à votre table estivale, pensez à offrir à vos invités un petit souvenir à emporter. Cela peut être une petite plante en pot, un sachet de graines ou de lavande, un mini-pot de confiture maison, ou même une jolie carte personnalisée. Ces attentions délicates feront de votre repas un moment inoubliable et montreront à vos invités combien vous tenez à eux.

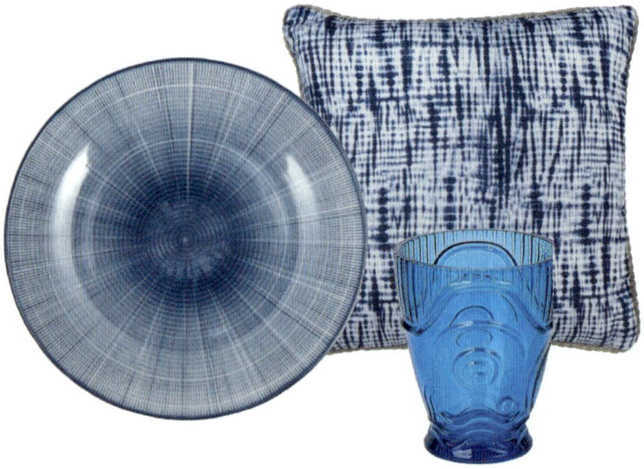

LES ESSENTIELS

Un panier à pique-nique pour transporter toutes vos gourmandises et la vaisselle est incontournable. N'oubliez pas un parasol pour vous protéger du soleil. Enfin, bien sûr, des bougies afin de créer une ambiance chaleureuse et des petits coussins pour vous installer confortablement et profiter pleinement de votre délicieux repas.

MON CONSEIL DÉCO

Pour apporter du style à votre intérieur, achetez des paniers que vous bombez en bleu. Une fois secs, retournez-les et suspendez-les pour créer des décorations aériennes et originales. Pour le côté « bord de mer », mettez une jolie nappe avec des poissons de chez Carré Blanc. Pour compléter cette ambiance naturelle, ramassez des branches de bois et transformez-les en un porte-chapeaux élégant que vous pourrez éclairer et transformer en lampadaire.

SAVEURS MARINES

Idylliques en terre sauvage ou à l'ombre d'un parasol, les tables éphémères se fondent dans le paysage. Installées sur la plage, rasant le sol pour plus d'intimité, elles s'harmonisent avec le décor environnant. Du mobilier aux accessoires, le bois, le blanc, le bleu, elles offrent une touche de sophistication tout en célébrant la simplicité du cadre côtier.

CAMPAGNE NOMADE

Rien de plus charmant que de partager un repas en pleine nature, entouré par le chant des oiseaux et le doux parfum des fleurs. Pas besoin de grand-chose pour transformer un simple coin de nature en un véritable petit paradis. En suivant quelques idées simples et amusantes, vous pouvez créer une table aussi jolie que ce cadre bucolique, sans perdre de vue l'essentiel : se faire plaisir !

MON CONSEIL DÉCO

Des serviettes en tissu nouées avec de la ficelle, des porte-noms faits main avec des feuilles, pour renforcer l'esprit champêtre. Restez fidèle au cadre naturel en cueillant des fleurs et des feuillages autour de vous pour créer de petits bouquets que vous disposerez sur la table.

LES ESSENTIELS

Mélangez différentes assiettes, verres et couverts afin de créer une ambiance décontractée et unique. Optez pour le bambou et le raphia pour une touche naturelle, et n'oubliez pas la *plancha* pour un délicieux repas en plein air. Pensez aussi à apporter une torche, non seulement pour éclairer, mais aussi pour créer une ambiance chaleureuse.

MON CONSEIL DÉCO

Pour ajouter une touche féerique, de petites guirlandes lumineuses sont suspendues au-dessus de la table, telles des étoiles filantes. Le soir venu, ces petites lumières dansent avec les flammes des bougies, créant une atmosphère intime et chaleureuse, parfaite pour des rires partagés et des souvenirs gravés.

LES ESSENTIELS

Utilisez des assiettes, des verres et des tasses dans une palette pastel variée. Mélangez les couleurs et les motifs pour un effet ludique et élégant. Pour se désaltérer, ajoutez des coupelles de glace dans des tons pastel, garnies de fruits frais ou de petites fleurs comestibles. Elles apportent une touche rafraîchissante et décorative à la table.

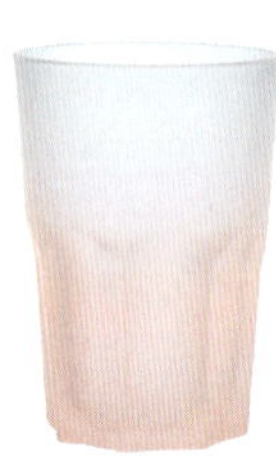

ÉTÉ POÉTIQUE

Pour un déjeuner réussi, pourquoi ne pas opter pour une table qui mêle fraîcheur et convivialité ? En associant harmonieusement les couleurs pastel avec des détails soignés comme des guirlandes lumineuses, des bougies et de la vaisselle colorée, vous transformerez votre repas en un moment à la fois raffiné et mémorable.

GUINGUETTE BOBO CHIC

Pour une célébration en plein air où l'esprit guinguette se mêle au style bohème, créez une table qui allie charme et naturel. Une table décorée avec des matériaux authentiques comme le raphia et le grès, qui évoquent une atmosphère détendue et accueillante.

LES ESSENTIELS

Sur la table, les accessoires nomades, comme un pot à couverts, un distributeur de boissons et des range-verres, ajoutent à la praticité tout en restant esthétiques. Entourez le tout de guirlandes suspendues, pour une ambiance festive et chaleureuse autour d'un *brasero* qui invite à la détente et à la convivialité, et réchauffe vos soirées.

MON CONSEIL DÉCO

Ajoutez des guirlandes de papier ou de lampions pour une touche décorative. Les lanternes en papier, les banderoles ou les fanions créent une ambiance de fête typique des guinguettes.

LES NUANCES À ADOPTER

On mise sur un doux camaïeu de vert et blanc, avec des sets de table en paille qui apportent une touche naturelle. Les assiettes en grès s'harmonisent parfaitement avec l'ambiance. On complète avec des verres simples et des lanternes en rotin pour une lumière tamisée. La guirlande de drapeaux en tissu, ornée de motifs de petites fleurs, vient ajouter une note poétique, tandis que les fleurs séchées au centre de la table apportent une touche finale délicate.

NATURE BOHÈME

Des décorations naturelles pour créer une table élégante et raffinée grâce à des éléments en bois, kraft et fleurs séchées. Une ambiance douce et bohème garantie, idéale pour un mariage ou une fête religieuse.

METS DE PROVENCE

Originaire de Provence, chez nous, l'art de la table célèbre la nature et les traditions locales avec élégance. Les assiettes, inspirées des carreaux de ciment typiques de la région, apportent un charme authentique, tandis que la transparence des verres colorés capte la lumière, créant un contraste vibrant. Ce jeu de couleurs et de matériaux met en valeur la beauté du paysage provençal, laissant passer la lumière et le soleil, pour des repas chaleureux et conviviaux.

LES ESSENTIELS

Des assiettes en céramique façon carreaux de ciment pour une touche artisanale, des sets de table en rotin pour une texture naturelle, et des verres, une carafe accompagnée de bougeoirs en verre coloré pour ajouter de la lumière. N'oubliez pas le plat chauffant, parfait pour garder la paëlla bien au chaud !

MON CONSEIL DÉCO

Un brin de lavande fraîchement coupé dans le jardin, déposé sur chaque serviette. Cette touche simple et naturelle est ma signature pour tous mes repas d'été, apportant un parfum envoûtant et un clin d'œil à la Provence à chaque table.

MON CONSEIL DÉCO

Pour un *mix and match* réussi, combinez des rayures de différentes largeurs et jouez sur une palette de couleurs harmonieuses. Alternez teintes douces et éclats vifs pour dynamiser la table, tout en ajoutant quelques accessoires unis afin d'équilibrer l'ensemble.

LES ESSENTIELS

Pour une table d'été rayée et élégante, optez pour des assiettes bayadères colorées, des verres avec un motif subtil accompagnés de jolis dessous de verre, et des sets de table rayés. Ajoutez une bougie parfumée et une petite lampe d'extérieur pour l'ambiance du soir. En journée, un parasol à rayures complétera parfaitement l'ensemble.

FRENCH RIVIERA

Les rayures, indémodables et plus tendance que jamais, s'invitent sur votre table, pour une décoration pleine de vie. Qu'elles soient horizontales, verticales ou obliques, elles se déclinent dans des teintes ensoleillées et vibrantes, insufflant une énergie joyeuse et rafraîchissante. Elles créent une atmosphère raffinée et décontractée, invitant à savourer les plaisirs simples de l'été dans une ambiance chic et enjouée.

L'ART DE VIVRE À LA FRANÇAISE

Style Montmartre ou esprit guinguette, la palette de couleurs bleu, blanc, rouge vient égayer vos tables de l'été. Qu'il s'agisse d'un pique-nique sur la plage ou d'un dîner qui dure jusqu'au bout de la nuit, les tables riment avec convivialité. Afin que vos repas estivaux se révèlent être aussi bons que beaux, mixez imprimés, matières et formes autour de ces trois couleurs pétillantes !

MON CONSEIL DÉCO

Apportez une touche d'élégance à votre table en personnalisant vos serviettes avec de la broderie et des pompons. Pour une ambiance festive, accrochez une enceinte mégaphone qui servira d'élément de décoration.

LES ESSENTIELS

Pour créer une table bleu, blanc, rouge pleine de charme, optez pour de jolies assiettes, des couverts élégants et des verres assortis. Mixez les trois couleurs avec des motifs à rayures ou floraux, pour un look unique. N'oubliez pas la nappe à carreaux pour un clin d'œil rétro, et ajoutez des guirlandes « guinguette » afin de prolonger la fête jusqu'au bout de la nuit.

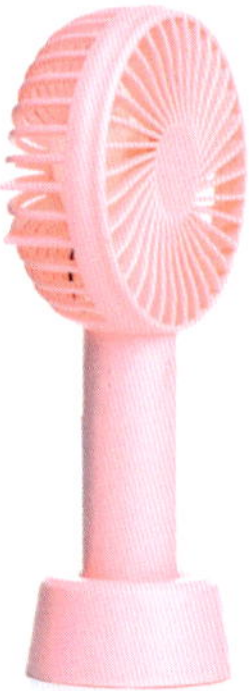

LES NUANCES À ADOPTER

Vert, jaune ou rose : les couleurs fortes, stars de l'été. Une nouvelle aura de mode souffle sur nos tables, et cette fois-ci, la tendance est aux looks colorés ! Les couleurs intenses sont à l'honneur et les tons sont bien définis : le fuchsia, l'orange et le vert amande sont les teintes à adopter pour être tendance cet été.

INSPIRATION POP

Les fêtes de voisins, kermesses et barbecues sont autant d'occasions de se réunir durant l'été ! Pour des tables festives, conviviales et pratiques, choisissez des assiettes et des verres vitaminés, ainsi que des nappes ou des serviettes tropicales. Ajoutez des luminaires solaires pour prolonger la soirée, sans oublier des bougies anti-moustiques.

Ma shopping list déco

Pour dresser une table qui éveille les émotions et les souvenirs, chaque détail, soigneusement choisi, créera une atmosphère chaleureuse, authentique et conviviale. Des textures qui invitent au toucher jusqu'aux couleurs qui ravissent les yeux, en passant par des senteurs délicates et des saveurs partagées, cette sélection de déco réunit tout ce qu'il faut pour recevoir avec cœur et enchanter chaque moment passé ensemble.

Table et chaises de jardin

CE QUE J'AIME. C'est la combinaison d'une jolie table de jardin avec un mix de chaises colorées. Cet ensemble apporte une touche vibrante et personnalisée à l'espace extérieur.

AVANTAGE. Le mélange de couleurs crée une atmosphère ludique et accueillante, en ajoutant du caractère à la décoration. Chaque élément s'harmonise tout en apportant une note unique et joyeuse à mes réceptions estivales.

Service de table

CE QUE J'AIME. L'harmonie des couleurs et le mélange des matières, le bois, la céramique, la transparence du verre et le lin créent une harmonie visuelle tout en apportant de la texture et de la chaleur à l'ensemble.

AVANTAGE. Un bouquet de fleurs frais et un chemin de table coloré apportent de manière élégante la touche de style supplémentaire, complétant ainsi la décoration.

Tonnelle

CE QUE J'AIME. Ajustable selon la position du soleil, le rideau en bambou offre une protection optimale pendant les repas tout en permettant de moduler l'intensité de la lumière.

AVANTAGE. Facile à manipuler, le bambou allie robustesse et légèreté, offrant un abri idéal pour se détendre à l'ombre. De plus, la tonnelle permet de suspendre des lanternes ou des guirlandes, ajoutant une touche de féerie !

Machine à glaçons

CE QUE J'AIME. La machine à glaçons a cette capacité à fournir rapidement des glaçons pour se rafraîchir tout au long de l'été et garantir que mes boissons restent fraîches et mes invités bien hydratés.

AVANTAGE. Elle peut être utilisée en extérieur, ajoutant une commodité essentielle pour les repas et les fêtes en plein air.

Barbecue

CE QUE J'AIME. C'est son style classique, ce modèle apporte non seulement une touche authentique à mes repas en plein air, mais il est aussi très pratique pour cuisiner en extérieur.

AVANTAGE. Il est très facile d'utilisation, car c'est un barbecue qui s'allume en quelques minutes seulement grâce à la circulation de l'air. Multifonctions, il se transforme en fumoir, *plancha*, rôtisserie, four à pizza.

Lumière

CE QUE J'AIME. C'est la variété des options disponibles : des suspensions extérieures à LED, des guirlandes lumineuses, des bougies et les baladeuses rechargeables. Chacun de ces éléments apporte une touche unique tout en restant cohérent avec le thème bohème.

AVANTAGE. Selon le type d'éclairage choisi, on peut créer différentes ambiances : des soirées douces et intimes avec les bougies, une atmosphère festive et scintillante avec les guirlandes lumineuses, ou une lumière douce et moderne avec les suspensions à LED.

MON DIY DÉCO

Personnaliser ses serviettes

Pour fêter le bac de la filleule de mon mari, j'ai réalisé des serviettes de table spéciales célébrant son succès avec style et créativité. J'ai également fabriqué un chapeau en forme de cloche, qui dissimule un gâteau surprise en dessous.

Matériel :

- Machine Cricut
- Papier transfert
- Fer à repasser
- Serviettes en tissu

Préparation du motif :

Sélectionnez un motif ou un texte à personnaliser pour vos serviettes. Pour le bac de la filleule de mon mari, j'ai opté pour un motif lié à l'événement, avec un cœur. Ouvrez Cricut Design Space sur votre ordinateur ou votre tablette. Importez votre design.

Découpe du motif :

Placez le papier transfert sur le tapis de découpe Cricut. Chargez le tapis dans la machine Cricut et lancez la découpe.

MON PETIT PLUS DÉCO

Pour apporter une touche festive à la table, j'ai réalisé un motif pour les serviettes. Ce motif est réalisé sur mesure grâce à ma machine de découpe Cricut. Vous pouvez aussi choisir des motifs tout prêts dans le commerce pour personnaliser la décoration selon vos envies.

Transfert du motif :

Placez le design découpé sur la serviette où vous souhaitez le positionner. Utilisez le fer à repasser pour appliquer le transfert selon les instructions du papier transfert, généralement à une température modérée et sans vapeur. Retirez délicatement le surplus, il ne vous reste qu'à plier votre serviette.

MON DIY DÉCO

Des serviettes en shibori

Le *shibori* est une technique de teinture japonaise par nouage, couture, pliage ou blocage du tissu avant de le teindre. Celle-ci existe depuis le VIIIe siècle ! La technique du *shibori* est aussi connue sous le nom de *tie & dye*. Retrouvez étape par étape comment procéder avec l'indigo, cette teinture magique.

Matériel :

- Un kit d'indigo : 20 g de poudre d'indigo, des gants, de la ficelle, deux petites planches de bois, deux petits bâtons en bois, du carbonate de sodium, de l'agent de réduction
- Du tissu blanc/écru
- Deux bassines ou seaux. Un pour la cuve d'indigo, l'autre pour faire tremper les tissus et les rincer.

MON PETIT PLUS DÉCO

Faciles à réaliser, ces créations de couleur indigo apporteront du style à votre table, en plus d'être uniques !

Enroulez de la ficelle autour de vos serviettes au centre, comme vous pouvez le voir sur les photos ci-dessus. Avant de débuter la teinture, j'ai plongé mes tissus dans l'eau claire. Ensuite, j'ai trempé ma serviette une à deux minutes dans la cuve. J'ai fait la même chose avec toutes les autres. Lorsque les tissus sortent du bain, ils sont jaune-vert. Au contact de l'oxygène, les tissus changent de teinte et deviennent de plus en plus bleus. C'est magique ! Une fois rincés, je les ai ensuite laissés sécher à l'air libre 20 min.

MES COOKIES DE SAISON

Cookies tomates séchées & parmesan

Vous recherchez une recette qui va régaler vos convives, alors les cookies salés sont ce qu'il vous faut ! Ces petits délices sont également parfaits à emporter pour un pique-nique ou pour grignoter à l'apéritif. Ils peuvent aussi être servis avec un plat *healthy* facile à réaliser, comme un loup au four accompagné de légumes verts vapeur, le tout relevé d'une marinade à la citronnelle.

Ingrédients pour 8 cookies :

- 2 œufs
- 80 g de beurre
- 160 g de farine
- 1 cuillère à café de levure
- 1 cuillère à soupe d'herbes de Provence
- Sel & poivre
- 60 g de tomates séchées
- 80 g de parmesan

Réalisation :

Mélangez le beurre mou et les œufs, puis les autres ingrédients. Ajoutez en dernier le parmesan et les tomates séchées coupées en fines lamelles. Faites cuire 10 à 12 minutes à 210 degrés. **Astuce :** repasser quelques minutes au four avant de servir.

Glaçons aux fleurs pour rafraîchir vos boissons

Ajoutez une touche de fraîcheur et de surprise à vos boissons estivales avec des glaçons aux fleurs. C'est une manière simple et élégante d'embellir vos boissons tout en ajoutant une saveur subtile.

Préparation : Placez des petites feuilles de menthe, de basilic, ou même des fleurs comestibles comme des violettes ou des pétales de rose dans les compartiments de vos bacs à glaçons.

Remplissage : Versez de l'eau (ou du jus de citron, pour plus de saveur) sur les herbes et les fleurs.

Congélation : Laissez congeler jusqu'à ce que les glaçons soient complètement pris.

Je prépare toujours du thé glacé pour mes invités et moi, c'est notre boisson incontournable de l'été !

LES INSPIRATIONS FLORALES DE LAURENCE

« Un peu, beaucoup, passionnément, à la folie »

BOUQUET IDÉAL. Les roses s'épanouissent pleinement et peuvent être associées à des fleurs séchées pour une ambiance champêtre et romantique. Complétez ce bouquet avec des germinis et des hortensias pour apporter volume et couleurs variées. Ce mélange crée une composition vibrante, idéale pour décorer vos tables estivales avec douceur et élégance.

SYMBOLIQUE DES FLEURS ET DES VÉGÉTAUX. Les roses, symbole de l'amour et de la passion, s'offrent en toutes occasions pour exprimer des sentiments sincères. Les germinis, avec leur aspect joyeux et éclatant, représentent l'amitié et la bonne humeur, tandis que les hortensias symbolisent la gratitude et l'abondance. Ensemble, ces fleurs composent un bouquet estival qui célèbre la chaleur et la générosité.

LE MUST HAVE

Senteurs d'été

Les bougies aux parfums de figuier, citronnelle, lavande, jasmin, ambre ou cyprès évoquent les senteurs de l'été. Ces fragrances fraîches et florales rappellent les jardins ensoleillés, les soirées en plein air et les escapades en bord de mer. Elles créent une atmosphère douce et apaisante qui prolonge les beaux jours.

LA PLAYLIST DE GILLES

Accords & harmonies

La croissance, l'action, l'épanouissement…

- Ornella Vanoni – *L'Appuntamento*
- Vanessa da Mata & Ben Harper – *Boa Sorte (Good Luck)*
- Toco – *Outro Lugar*
- Laurent Voulzy – *Le soleil donne*
- Full Crate – *A Storm On A Summers Day* (ft. Gaidaa)
- Colorblast & Nash La Musica – *Gorgeous (Something About You)* (ft. Aphendulwa)
- Azana – *Your Love*
- Maye – *Yours*
- Moonchild – *Cure*
- H.E.R. – *Best Part* Daniel Caesar — Best Part (ft. H.E.R.)

TABLES
AUTOMNALES

Saison dorée !

L'automne s'invite chez moi avec une accumulation organisée de feuilles, coloquintes et pommes de pin. Je joue sur les hauteurs en disposant ces éléments sur des sellettes, créant ainsi un décor chaleureux et structuré.

C'est comme si la forêt pénétrait mon intérieur, apportant avec elle tout le charme de l'automne, avant l'arrivée de l'hiver.

Les feuilles rougissent, les citrouilles apparaissent sur les étals, et l'air devient plus frais… Pas de doute, l'automne s'installe, et c'est l'occasion rêvée de convier vos proches autour d'une table où chaque détail fait appel à vos sens. Pourquoi ne pas transformer ce repas en une véritable expérience sensorielle ? Couleurs vibrantes, senteurs envoûtantes, textures chaleureuses – laissez-vous emporter par l'ambiance douce et cosy de la saison. L'automne est une invitation à créer une table qui non seulement se regarde, mais se ressent, se hume, et même s'écoute. Préparez-vous à éveiller tous vos sens et à plonger vos invités dans un univers chaleureux et chic !

Un tableau de couleurs chaleureuses

L'automne est une explosion de tons chauds et réconfortants, du rouge profond au jaune doré, en passant par l'orange cuivré. Disposez des sets de table sur lesquels vous posez une vaisselle en grès aux effets de bois naturel, privilégiez des matières texturées et irrégulières. En guise de centre de table, optez pour une composition de feuilles mortes, pommes de pin, noix. Ajoutez des bougies dans des photophores en verre teinté, pour une touche de lumière tamisée, rappelant les douces lueurs d'un coucher de soleil automnal. Une palette de couleurs inspirée par la nature émerveillera vos convives dès leur arrivée.

Des textures qui réchauffent

Misez sur des matières naturelles et réconfortantes. Des serviettes en lin doux ou en coton, des chemins de table en laine et des sets en toile de jute apporteront une chaleur subtile. Jouez avec les contrastes : associez la rugosité d'une écorce à la douceur des serviettes ou d'une nappe en coton épais. Intégrez des éléments comme des branches ou des feuilles pour un effet brut et authentique. Chaque détail donne envie de toucher, d'effleurer, et surtout de s'imprégner de l'atmosphère cosy.

Une symphonie d'effluves automnales

Laissez-vous inspirer par les arômes typiques de l'automne. Disposez des pommes de pin, des poires et des oranges séchées sur la table, ou encore des bouquets de cannelle et d'anis étoilé. Les bougies parfumées aux senteurs de cèdre, de vanille ou de châtaigne feront voyager vos invités au cœur d'une forêt automnale. Si vous préparez un plat mijoté, son odeur viendra subtilement compléter cette symphonie d'effluves, pour un moment encore plus chaleureux.

Une table gourmande et généreuse

L'automne évoque immédiatement les saveurs riches et réconfortantes. Pourquoi ne pas intégrer quelques éléments gourmands dans votre décoration ? Disposez des petits bols de noix, noisettes et châtaignes grillées sur la table, que vos convives pourront grignoter entre deux plats. Un assortiment de fruits de saison – pommes, raisins, figues – peut également servir de décoration et être dégusté au fil du repas.

Des sons qui apaisent

Ajoutez un fond sonore doux pour compléter l'ambiance : un crépitement de feu de bois (si vous avez une cheminée, c'est l'idéal) et une *playlist* de musique acoustique douce évoquant la nature et l'automne. Découvrez la *playlist* que mon mari réalise pour nos dîners et qui vient parfaire notre repas, en ajoutant une dimension supplémentaire à ce moment magique.

MON CONSEIL MALIN !

La nature vous offre tout ce dont vous avez besoin ! Lors de vos balades en forêt, récoltez des trésors de saison : des feuilles mortes aux couleurs éclatantes, des pommes de pin, des noix… Placez sur la serviette de chaque invité une belle pomme de pin accompagnée d'une feuille. Ces petits détails, simples mais élégants, apporteront un charme authentique à votre table. Une manière douce et écologique de mettre l'automne à l'honneur !

LES ESSENTIELS

Afin de réaliser cette table automnale, misez sur des dessous d'assiettes en bois pour un côté chaleureux, ainsi que des assiettes dans des tons noirs, orange et jaunes pour un joli contraste de couleurs. Créez un chemin de table naturel avec une branche d'eucalyptus, ajoutez des citrouilles de toutes formes et matières, pour un effet décoratif qui attire le regard. Un ensemble harmonieux et parfaitement automnal !

MON CONSEIL DÉCO

Prenez des petites pommes de pin ou des coloquintes et attachez-y une étiquette nominative avec une ficelle naturelle. Placées devant chaque couvert, elles apportent une touche de couleur et une ambiance automnale tout en étant originales et faciles à réaliser.

AUTOMNE GOURMAND

Une table d'automne réussie se pare de tons orangés avec une déco pleine de caractère ! Pour un effet « wahou » garanti, servez une tarte à la citrouille ou une soupe de potiron dans des petites citrouilles : un clin d'œil gourmand et visuel qui épatera vos invités !

ROSE D'AUTOMNE

Rose d'automne est une table dressée où se mêlent vaisselle ancienne et linge de table vintage, pour une élégance rétro. Les assiettes et verres roses évoquent les lumières chaleureuses de la nature et des couchers de soleil d'automne. Les fleurs d'hortensia séchées, douces et délicates, ajoutent une touche romantique, sublimant cette ambiance automnale avec grâce et raffinement.

LES ESSENTIELS

Choisissez des assiettes rose pâle et des dessous de table dans un rose bordeaux pour créer un joli camaïeu. Ajoutez une ménagère en bois pour une touche naturelle, n'oubliez pas un photophore ainsi que des verres roses pour une lumière douce et chaleureuse.

MON CONSEIL DÉCO

Utilisez des serviettes en lin ou en coton, et nouez-les avec des rubans ou des cordons dans des teintes coordonnées. Vous pouvez aussi ajouter un petit bouton ou une broche vintage, pour une touche élégante.

MON CONSEIL DÉCO

Pour compléter cette ambiance naturelle et zen, sublimez votre table avec un poke bowl joliment présenté. Disposez ce plat coloré dans des bols en grès, en jouant sur les textures et les couleurs de saison. Garnissez-le de légumes frais, de saumon, et de quelques graines ou herbes automnales pour une touche supplémentaire d'élégance.

LES ESSENTIELS

Des bols, des baguettes en bois, des sets en bambou, et de jolies assiettes aux motifs raffinés. N'oubliez pas le petit clin d'œil avec une bougie nénuphar et, bien sûr, une théière pour compléter le tout avec une touche de sérénité.

ÉVASION NIPPONE

La décoration de table se veut naturelle et apaisante, empreinte de sérénité, où la nature s'invite avec délicatesse. On opte pour un mélange subtil de matériaux bruts et naturels. La vaisselle en grès vert, avec ses nuances douces et apaisantes, se marie parfaitement à des sets de table en bambou, apportant une touche zen et raffinée.

EXTÉRIEUR CHALEUREUX

Quand les températures d'octobre sont douces et que vous avez la chance d'avoir un jardin, organisez un brunch automnal en plein air. Créez une atmosphère chaleureuse avec une décoration aux tons jaunes et orangés, ajoutez des pommes de pin, des champignons et des éléments naturels pour un décor authentique. Afin de garantir le confort, disposez des plaids douillets sur les chaises. C'est l'occasion rêvée de profiter de la nature tout en partageant un moment convivial en famille ou entre amis !

LES ESSENTIELS

Pour un centre de table automnal réussi, optez pour des pommes de pin, des champignons et des petits écureuils en LED, apportant une touche enchantée. Ajoutez des *plaids* et des coussins afin de garantir le confort et une ambiance chaleureuse. Un *brasero* vous permettra de vous réchauffer tout en profitant de la soirée, et n'oubliez pas l'enceinte portative pour une ambiance musicale parfaite.

MON CONSEIL DÉCO

Suspendez au-dessus de votre table ou le long des arbres une guirlande : elle diffuse une lumière douce et festive qui transforme l'atmosphère de votre jardin. Ces illuminations créent un cadre magique et accueillant, parfait pour prolonger vos moments de partage en soirée dans une ambiance chaleureuse et animée.

LES ESSENTIELS

Afin de compléter votre table automnale minimaliste et chic, choisissez des assiettes blanches élégantes et des verres en cristal, pour une touche de raffinement. Optez pour une ménagère en cuivre afin d'accentuer l'aspect sophistiqué. Ajoutez des petits champignons et des bougies cuivrées pour une harmonie parfaite de couleurs et une note de luxe subtile.

MON CONSEIL DÉCO

Disposez de la mousse afin de former un chemin de table naturel, en ajoutant quelques raisins et des poires pour une touche authentique et élégante. Cette décoration apportera une note délicate et très nature à votre table, tout en restant dans l'esprit minimaliste.

MINIMALISME CHIC

Pour une table automnale minimaliste qui allie simplicité et élégance, optez pour une grande nappe et utilisez des matériaux 100 % naturels comme le lin ou le jute. Disposez des pommes de pin, des champignons en verre et une pointe de cuivré afin d'ajouter une touche délicate et élégante, pour une ambiance épurée et chic.

AUTOMNE GRAPHIQUE

Pour un automne moderne et épuré, misez sur une table en noir et blanc. Quelques feuilles cuivrées ou dorées viendront réchauffer l'ensemble, posées avec légèreté sur la nappe ou les assiettes. Ajoutez des petites citrouilles pour rappeler la saison tout en conservant une esthétique minimaliste.

MON CONSEIL DÉCO

Pour accentuer le côté graphique, alternez des assiettes noires et blanches. Associez-les à des sets de table en osier pour une touche naturelle et chaleureuse. Enfin, pour un effet chic et original, ajoutez des serviettes à carreaux noirs et blancs. Ce jeu de contrastes donnera du relief à votre table tout en restant élégant et moderne.

LES ESSENTIELS

Pour une table automnale graphique en noir et blanc, choisissez de la vaisselle à rayures, apportant une touche moderne. Ajoutez des petites citrouilles blanches pour un effet automnal élégant, avec quelques branchages aux feuilles dorées, et n'oubliez pas un joli bougeoir noir avec une bougie blanche pour une touche sophistiquée.

LES NUANCES

Pour une table d'Halloween, laissez les squelettes et les araignées se glisser au milieu des citrouilles, pommes de pin et coloquintes, apportant une touche ludique à la déco. Le tout baigne dans une ambiance chaleureuse aux tons marron et orangé, sublimée par des assiettes et des cocottes en forme de citrouille. Un équilibre parfait entre frissons et convivialité, pour un Halloween aussi effrayant que cosy !

HALLOWEEN À TABLE !

Invitez l'automne à votre table avec des couleurs chaleureuses et réconfortantes. Misez sur des contrastes de textures en intégrant velours, laine bouclée teintée et matériaux bruts. Le verre coloré et texturé crée des jeux de transparence pour tamiser la lumière. Pour rehausser la décoration, ajoutez quelques éléments inspirés d'Halloween, afin d'apporter une touche de frisson bien connue de la fin de saison.

Ma shopping list déco

Avec l'arrivée du froid, c'est le moment de transformer votre intérieur en un havre de confort. L'automne, c'est la saison parfaite pour se ressourcer. Alors que les paysages extérieurs se parent de couleurs flamboyantes, il est temps d'imaginer un espace où chaque détail éveille vos sens : des textures douces, des couleurs chaleureuses et des senteurs envoûtantes. Découvrez nos cinq astuces afin de créer une ambiance automnale qui transformera votre maison en un cocon accueillant pour cette saison magique.

Citrouille

CE QUE J'AIME. Une soupière ou un bol en forme de citrouille ajoute une touche ludique et charmante à votre décoration automnale.

AVANTAGE. En plus de servir de pièce décorative, ces soupières ou bols en forme de citrouille sont parfaits pour présenter une soupe au potiron. Ils combinent ainsi esthétique et fonctionnalité.

Déco d'automne

CE QUE J'AIME. L'automne évoque une palette de teintes chaleureuses et accueillantes. Des nuances de jaune moutarde, de vert mousse, de brun, de caramel, d'orange sont parfaites pour une décoration automnale séduisante. En intégrant ces couleurs, vous créerez un univers qui apporte une atmosphère chaleureuse et réconfortante à votre intérieur.

AVANTAGE. Ces teintes invitent à la convivialité et à la détente, transformant chaque espace en un cocon accueillant pour la saison.

Teintes chaudes, couleurs de l'automne

CE QUE J'AIME. Pour une table automnale réussie, les teintes de brun et de marron de la vaisselle apportent une élégance chaleureuse qui s'harmonise parfaitement avec l'esprit de la saison. Ajoutez des éléments naturels comme des citrouilles, des noix et des fleurs séchées pour compléter le décor avec une touche authentique et vivante.

AVANTAGE. En intégrant ces fruits et fleurs de saison, vous créez une décoration non seulement esthétique, mais aussi pratique et zéro déchet. Cette approche simple et élégante permet de célébrer l'automne tout en respectant l'environnement.

Textiles douillets

CE QUE J'AIME. Associer des textiles élégants aux fleurs séchées est une manière raffinée de créer une table d'automne chaleureuse.

AVANTAGE. En choisissant des serviettes en tissu aux couleurs complémentaires et en les nouant avec délicatesse, vous apportez une touche de sophistication à votre décoration.

Bougie cocooning

CE QUE J'AIME. Les bougies sont les alliées incontournables d'une décoration *cocooning*. Elles apportent une chaleur visuelle et une lumière douce qui transforment instantanément l'ambiance.

AVANTAGE. Pour une immersion totale dans une atmosphère réconfortante, optez pour des senteurs comme feu de bois, ambre ou musc. Ces fragrances enveloppantes créent une ambiance olfactive complète, faisant de chaque moment passé dans votre intérieur une expérience de confort et de bien-être.

MON DIY DÉCO

Personnaliser ses serviettes

Pour ajouter une touche créative et économique à votre table cet automne ou pour Halloween, essayez ce pliage en forme de citrouille, inspiré des origamis. Facile à réaliser, il apportera une note festive et originale à votre décoration d'automne. Placez-le sur une assiette, pour une déco pleine de fantaisie !

Prendre une serviette pliée présentée en losange avec les plis fermés sur la droite. Rabattre la pointe du haut vers le centre. Idem avec la pointe du bas. Retourner sur l'autre face le pliage obtenu et rabattre les pointes vers le centre. Toujours bien écraser les plis. Tout déplier pour obtenir les marques des plis. Prendre un rond de serviette ou la section d'un tube. Pincer le centre pour le faire entrer un peu dans le rond. Rabattre les quatre pointes dans le rond. Retourner le pliage et modeler les contours à la main. Mettre un petit bout de branche pour figurer la tige, et voilà !

MON DIY DÉCO

Des citrouilles lanternes

Creusez de petites citrouilles pour y placer des bougies chauffe-plat. Cela ajoutera une lumière douce et chaleureuse à votre table ou dans votre jardin tout en restant dans le thème automnal. Une touche originale et facile à réaliser pour impressionner vos invités !

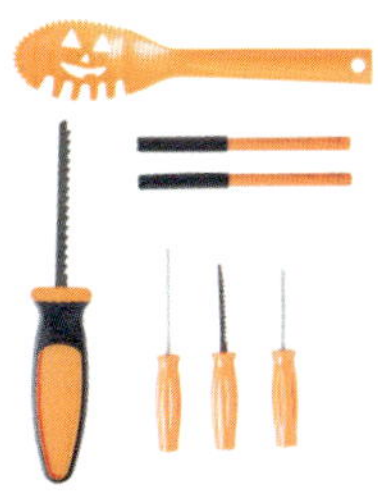

Matériel :

- Plusieurs mini-citrouilles
- Un kit pour creuser les citrouilles
- Des petits emporte-pièces
- Une cuillère à glace
- Des bougies chauffe-plat

Préparer les citrouilles : ouvrir les citrouilles sur le dessus et vider toute la chair (la garder pour faire une soupe). Faire des motifs : à l'aide d'un cutter, réaliser de fins motifs. Mon astuce ? Utiliser des petits emporte-pièces pour faire la forme de votre choix. Finitions : il ne reste plus qu'à placer une bougie chauffe-plat à l'intérieur et à disposer les citrouilles au centre de la table ou partout dans le jardin.

MES COOKIES DE SAISON

Cookies salés au butternut & comté

Avec les stars de la saison, les courges !
Je choisis de les faire avec du butternut pour sa douceur. Des cookies gourmands à grignoter à l'apéritif ou pour accompagner un potage.

Ingrédients pour 8 cookies :

- 1 œuf
- 40 g de beurre
- 75 g de farine
- 1 cuillère à café de levure
- 2 cuillères à soupe de thym
- 1 pincée de sel et de poivre
- 1 cuillère à soupe de graines de sésame torréfiées
- 1 cuillère à soupe de poudre de noisettes
- 40 g de butternut
- 30 g de comté râpé

Réalisation :

Mélangez le beurre mou et l'œuf, puis les autres ingrédients. Ajoutez en dernier le comté et le butternut cru coupé en petits dés. Faites cuire 20 minutes à 180 degrés, dégustez-les encore tièdes. **Astuce :** pour une forme régulière, mettre la pâte entre deux feuilles de papier de cuisson et s'aider d'une assiette. Repasser quelques minutes au four avant de servir.

Cupcakes et sablés fantômes !

Ingrédients pour les cupcakes fantômes :

- 120 g de beurre
- 200 g de sucre
- 2 œufs
- 200 g de farine
- 1 cuillère et demie à café de levure chimique
- 60 ml de lait
- 1 cuillère à café d'extrait de vanille

Ingrédients pour la décoration des cupcakes fantômes :

- 50 g de mascarpone
- 150 g de crème fraîche épaisse
- 100 g de sucre glace
- Colorant alimentaire orange
- Pâte à sucre pour les décorations de citrouilles et fantômes

Ingrédients pour les sablés fantômes :

- 250 g de farine
- 125 g de beurre
- 100 g de sucre
- 1 œuf
- 1 cuillère à café d'extrait de vanille
- 1 pincée de sel
- Glaçage blanc (sucre glace + un peu d'eau)
- Chocolat noir ou pépites de chocolat (pour les yeux)

LES INSPIRATIONS FLORALES DE LAURENCE

« Un peu, beaucoup, passionnément, à la folie »

BOUQUET IDÉAL. L'automne marque la fin des tournesols, ces fleurs éclatantes qui apportent encore un peu de soleil à nos tables. C'est aussi le début de la saison des dahlias, aux couleurs et formes variées, symboles de reconnaissance et de gratitude. Ensemble, tournesols et dahlias créent un bouquet chaleureux, parfait pour célébrer la transition des saisons.

SYMBOLIQUE DES FLEURS ET DES VÉGÉTAUX. Le tournesol symbolise la force et l'optimisme, tandis que le dahlia incarne la reconnaissance. Ces fleurs automnales, riches en couleurs, apportent joie et élégance dans nos intérieurs.

LA PLAYLIST DE GILLES

Accords & harmonies

La réflexion, le lâcher prise, la nature qui ralentit doucement avant l'hiver...

- Melody Gardot – *C'est magnifique* (ft. António Zambujo)
- Natalie Cole – *Darling, je vous aime beaucoup*
- Nicholas Britell – *Agape*
- Yebba – *One More Smile* (live at Electric Lady)
- Robert Glasper – *Better Than I Imagined* (ft. H.E.R., Meshell Ndegeocello)
- Miles Davis – *When I Fall in Love*
- Anita Baker – *Giving You The Best That I Got*
- Jenevieve – *Baby Powder*
- Leon Bridges – *Motorbike*
- Trevor Horn – *Slave To The Rhythm* (ft. Lady Blackbird)

LE MUST HAVE

Senteurs d'hiver

Mousses, chêne, noisetier, feu de bois, cannelle et citrouille... L'automne s'installe avec des parfums chaleureux. Ces notes boisées et épicées enveloppent nos sens, rappelant les promenades sous les feuilles dorées et les soirées douillettes au coin du feu.

L'ART DE RECEVOIR

... des invités pour la nuit

Vous gardez vos invités à dormir ? Chaque détail compte pour transformer leur séjour en un souvenir inoubliable. Poussons la porte d'**entrée** : c'est ici que tout commence. Un espace dégagé, une lumière douce, un portemanteau prêt à recevoir leurs affaires… autant de petites attentions qui disent déjà « bienvenue ». Le parcours se poursuit dans le **salon**, cœur de la maison. Des coussins moelleux, une ambiance chaleureuse et pourquoi pas une bougie parfumée, pour une touche personnelle. La **salle à manger** ou la **cuisine**, elles, mettent en scène le partage : une table joliment dressée ou une collation prête à être savourée montrent que vous avez pensé à tout. Arrivés dans la **chambre d'amis**, vos convives doivent sentir qu'ils entrent dans un cocon : literie impeccable, petit bouquet de fleurs ou carafe d'eau sur la table de

chevet... autant de gestes délicats. Et pour clore la visite, un passage par la **salle de bain** : serviettes propres, savons choisis avec soin et une ambiance irréprochable sont essentiels. Tout cela laisse une empreinte précieuse, preuve que chez vous, recevoir est un art.

Bienvenue chez vous ! L'entrée, un avant-goût de votre hospitalité

L'entrée est bien plus qu'un simple passage entre l'extérieur et l'intérieur : c'est le premier contact visuel et émotionnel avec votre univers. Elle donne le ton, raconte votre histoire et met vos invités à l'aise. C'est tout un art de composer une entrée à la fois accueillante, pratique et élégante, où chaque détail est pensé pour conjuguer fonctionnalité et esthétisme.

Dès les premiers pas, le regard est attiré par une organisation impeccable et des matières qui respirent la sérénité. Le portemanteau en métal au design minimaliste joue la carte de la légèreté, tout en offrant une solution pratique : quelques cintres joliment décorés, agrémentés de petits sachets parfumés, invitent à suspendre vestes et manteaux sans désordre.

MON CONSEIL DÉCO

Quelques touches végétales et décoratives viennent compléter cet espace. Le vase avec des lys blancs apporte une note de fraîcheur et de sophistication. Au pied de la console, un panier rempli de chaussons met l'accent sur le confort, une idée qui ravit à coup sûr vos convives. Ce détail montre que l'hospitalité peut aussi être ludique et chaleureuse.

Les sacs personnalisés ajoutent une touche d'attention délicate. Des espaces dédiés pour chaque invité créent une sensation de soin et de considération dès leur arrivée.

En somme, une entrée réussie est celle qui sait marier praticité et accueil raffiné. Ici, tout est orchestré pour que vos invités se sentent attendus, valorisés, et prêts à entrer dans un lieu où l'attention aux détails est une véritable marque de fabrique. Un premier pas vers une expérience mémorable.

LES ESSENTIELS

Au sol, le tapis graphique guide subtilement le regard vers l'intérieur tout en délimitant visuellement l'espace. Dans le même temps, le porte-parapluie discret témoigne d'un sens pratique tout en restant en accord avec l'ensemble. L'éclairage doux et bien réparti, accentué par une applique murale dorée, réchauffe immédiatement l'atmosphère et contribue à l'impression de bien-être.

L'espace de rangement inférieur, où chaussures et accessoires trouvent leur place, répond à un impératif d'organisation sans encombrement. Tout est pensé pour encourager vos invités à se sentir bien dès le seuil franchi.

★ MON IDÉE EN PLUS

Sur la console de votre entrée, placez un appareil photo instantané pour prendre un cliché avec vos invités dès leur arrivée. On passe de tellement bons moments que l'on en oublie souvent d'immortaliser ces instants.

Le salon : une mise en scène pour des soirées inoubliables

Ce salon propose un cadre à la fois chaleureux et raffiné : l'ambiance tamisée, créée par les luminaires contemporains, invite à la détente tout en apportant une touche de modernité. Les rideaux doux et légers, légèrement tirés, filtrent la vue extérieure pour offrir un cocon apaisant.

Le canapé, spacieux et habillé de coussins moelleux, se prête parfaitement à des discussions conviviales ou à des instants de partage. Autour de la table basse, l'attention portée à la disposition des éléments attire l'œil : des plateaux garnis de gourmandises, des bougies créant une lumière douce, et de petits plats à picorer soigneusement placés. Ce salon est une invitation à la convivialité, où chaque détail a été pensé pour rendre vos moments ensemble encore plus mémorables.

★ MON IDÉE EN PLUS

Les tabourets en forme de bouchons de liège. Ici l'idée est de donner le ton avec des tabourets ludiques qui mettent directement dans l'esprit de la fête, d'une ambiance apéro. Une touche amusante et pratique. Trouvez votre propre déco surprise !

MON CONSEIL DÉCO

En arrière-plan, des flûtes à champagne accompagnées d'un seau à glace prêt à l'emploi ajoutent une note festive à l'ensemble. Les touches de verdure, avec des plantes savamment disposées, viennent réchauffer l'espace et renforcer l'équilibre entre élégance et simplicité.

La salle à manger : l'art de recevoir avec élégance

Dès le premier regard, cette salle à manger évoque le raffinement et l'hospitalité. La grande table en bois accueille des assiettes immaculées, rehaussées par des serviettes soigneusement pliées et ornées de ronds épurés. Chaque place est personnalisée : un marque-place manuscrit et une photo souvenir apportent une touche complice et chaleureuse.

Les compositions florales au centre, dominées par des callas blancs, ajoutent une note fraîche et sophistiquée, tandis que des bougies dorées illuminent délicatement la scène. Au fond, un chevalet présente un menu écrit à la main, témoignant de l'attention portée aux détails. Ici, le plaisir de partager un repas est sublimé par un cadre qui mêle esthétisme et convivialité.

★ MON IDÉE EN PLUS

La table à manger est recouverte d'une nappe ou large chemin de table en papier (exemple ici en papier kraft) qui permet d'inscrire directement les prénoms des invités à côté de chaque assiette et de dessiner un centre de table. À votre tour, personnalisez votre table par le biais d'inscriptions ou petits graphismes faits main !

Une cuisine élégante : le lieu de partage parfait

Cette cuisine moderne combine fonctionnalité et raffinement, créant un espace qui dépasse le simple cadre culinaire. L'agencement est soigné, mettant en valeur des matériaux nobles comme le marbre de la crédence et le bois naturel des accessoires. La palette de couleurs, neutre et apaisante, est sublimée par des touches dorées, notamment dans les luminaires suspendus qui apportent une

note sophistiquée et enveloppante.
La disposition des objets sur des planches en bois ajoute une note chaleureuse et rustique qui contraste harmonieusement avec le design moderne de la pièce. En arrière-plan, les planches à découper accrochées au mur, ornées de petits bouquets de fleurs, confèrent un charme artisanal, chaleureux à cet espace très contemporain.

MON CONSEIL DÉCO

Les tasses et les assiettes sont choisies dans une même couleur. Elles sont accompagnées de serviettes nouées avec élégance qui renforcent cette ambiance soignée.

LES ESSENTIELS

Sur le plan de travail, le petit-déjeuner est présenté avec une attention au détail : des viennoiseries dorées à souhait, un pain complet frais, des pots de confiture soigneusement présentés, et des oranges prêtes à être pressées.

MON IDÉE EN PLUS

Une machine à café est une invitation supplémentaire à la convivialité. Chacun peut se servir et s'installer pour savourer une boisson chaude.

La chambre d'amis : un refuge de confort et de sérénité…

Cette chambre d'amis a été pensée comme un havre de paix, où chaque détail est soigneusement orchestré pour garantir la plus douce des nuits. Le lit, pièce centrale, est habillé de draps immaculés et de coussins aux motifs douillets. Le mélange des textures – plaid moelleux et linge de lit doux – crée une ambiance accueillante et réconfortante. Sur le lit, un plateau d'accueil contient des peignoirs, des chaussons ou encore quelques petits soins, offrant une attention toute personnalisée. Les éléments de décoration renforcent cette impression de bien-être : une citation murale donne le ton et instaure une ambiance chaleureuse. Le porte-vêtements minimaliste ajoute une solution pratique, tandis que l'espace

★ **MON IDÉE EN PLUS**

Dans un joli cadre, indiquez votre code wifi pour que les invités puissent accéder au réseau Internet en toute liberté.

MON CONSEIL DÉCO

En arrière-plan, un portant accueille vêtements et accessoires, mettant en avant la praticité et l'élégance. La table basse et les fauteuils, intégrés dans l'espace, sont idéaux pour des moments de convivialité, tandis que les luminaires modernes et sculpturaux apportent une touche design.

réservé aux valises, discret mais accessible, témoigne d'une sollicitude envers les invités.

… ou un espace multifonctionnel dans le salon pour une nuit cosy

Une chambre vous manque ? Cet espace nuit aménagé dans le salon ravira vos invités. L'élégance y rencontre le confort et l'intimité avec le déploiement d'un paravent en séparation de la salle à manger.
Mis à contribution, le canapé se transforme en un lit spacieux qui se fond harmonieusement dans l'esthétique de la pièce grâce à une palette de tons neutres et des textiles raffinés.
La disposition des accessoires, comme les chaussons placés au pied du lit ou les lampes d'ambiance sur les tables de chevet, renforce le sentiment de confort.

MON IDÉE EN PLUS

Les tables basses du salon ont été séparées pour devenir ici des chevets et des tables d'appoint pour poser sac à main et autres accessoires.

La salle de bain : l'élégance au service du bien-être

Dans cette salle de bain, chaque détail invite à la relaxation. Le mobilier en bois clair, combiné aux tons neutres des murs et des serviettes, crée une ambiance apaisante. Le miroir rétro-éclairé diffuse une lumière douce, idéale pour se préparer ou prendre soin de soi.
Les accessoires témoignent d'une attention toute particulière : savons artisanaux, petits paniers remplis de produits de soin, et peignoirs moelleux suspendus et prêts à être utilisés.

Le lieu offre une parenthèse de sérénité, où chaque invité peut se ressourcer dans un cadre pensé pour le plaisir des sens.
Grâce à vos charmantes attentions et une mise en scène soignée, les invités s'approprieront l'espace. Avec des éléments à la fois utiles et plaisants, votre salle de bain se mue en un lieu d'intimité et de détente absolue.

★ MON IDÉE EN PLUS

Un petit présentoir ou un panier attirera d'autant plus l'attention de vos invités qu'il leur est dédié ! Alliant fonctionnalité et esthétique, il offre des petits plaisirs pour leur bien-être : des savons raffinés y côtoient une fleur de douche, des petites serviettes roulées ou encore quelques crèmes... Ambiance d'hôtel haut de gamme assurée !

HO
HO
HO

ÉRIC

Les 12 commandements d'Emmanuelle

❶ Soigne l'accueil de tes invités

Dès l'entrée, une petite attention et un sourire chaleureux marquent le ton d'une réception réussie.

❷ Mise sur une table élégante, mais accessible

Pas besoin d'en faire trop ! Quelques éléments bien choisis, des matières naturelles et une touche personnelle feront toute la différence.

❸ Éveille les sens avec des parfums délicats

Des bougies parfumées ou un bouquet de fleurs fraîches, rien de tel pour une ambiance envoûtante.

❹ Propose un voyage gustatif inoubliable

Une cuisine simple, mais pleine de saveurs, qui reflète ton style et ton envie de faire plaisir. C'est toujours la meilleure recette.

❺ Crée une ambiance musicale chaleureuse

Un fond sonore discret mais joyeux peut faire toute la différence pour détendre tes convives et sublimer l'atmosphère.

❻ Mélange les matières et les couleurs avec harmonie

Associe des textures naturelles avec des touches colorées pour une table à la fois accueillante et visuellement agréable.

❼ Pense à de petites attentions pour chaque invité

Un détail personnel montre à chacun qu'il est important à tes yeux. Crée un marque-place avec trois photos de l'invité avec toi, ça fera aussi office de petit cadeau.

❽ Prends soin de rythmer la soirée

Entre les plats, une bonne conversation et quelques surprises peuvent garder l'énergie fluide et éviter les temps morts.

❾ Sois authentique et bienveillant

Ta réception doit avant tout refléter qui tu es. Tes invités s'en souviendront pour le naturel et l'attention que tu leur as portés.

❿ N'oublie pas de t'amuser !

Un hôte détendu, c'est une réception réussie. Alors prends le temps de savourer ces moments avec tes invités.

⓫ Crée une ambiance festive dans tout l'espace

Crée une harmonie dans toute la pièce, en fonction de la saison et du thème.

⓬ Soigne la sortie autant que l'arrivée

Un dernier mot, un petit souvenir, ou un moment d'au revoir convivial laissera une belle impression qui prolongera la magie de la soirée.

CRÉDITS PHOTOGRAPHIQUES
et carnet d'adresses

- **Images : base de données déco Reworld Média**
- **L'Atelier du Savoir-Vivre** par France de Heere : ateliersavoirvivre.com
- **© Carré Blanc** : carreblanc.com
- **© Miliboo** : miliboo.com
- **Freepik** : freepik.com
- **House Doctor** : housedoctor.com
- **Pexels** : pexels.com
- **Shutterstock** : shutterstock.com
- **Unsplash** : unsplash.com
- **Adobe Stock** : stock.adobe.com/fr (pages 144 à 155)

Remerciements

Un immense merci à toute l'équipe qui m'a épaulée avec tant de cœur et de passion dans la réalisation de cet ouvrage, Céline Chahi et Marie-Cécile Germiyanoglu, de Reworld Media, et merci aux éditions Leduc.

Un an plus tard, voici le troisième livre… "Jamais deux sans trois", non ?

Caroline Bapt, merci du fond du cœur (oui, je te remercie encore ici !) pour ta plume magique qui a su faire danser mes idées avec tant de finesse et de créativité. Laura Charbonnel, tu es bien plus qu'une assistante, ma fidèle complice, toujours présente et indispensable à chaque étape. Un grand merci à Sophie Fabian, notre précieuse correctrice, ainsi qu'à toute l'équipe de Reworld Media pour leur soutien sans faille. Un merci tout particulier à France de Heere, qui nous a transmis les règles du savoir-vivre à la française. En plus de ses précieux conseils, elle a partagé son expertise sur l'art de recevoir en France, un savoir qu'elle enseigne avec passion à Versailles au sein de son école, l'Atelier du Savoir-Vivre à la Française.

Votre temps et vos enseignements ont été essentiels dans l'élaboration de ce livre, et je vous en suis profondément reconnaissante. Je tiens également à remercier une nouvelle fois mes parents, qui m'ont transmis tous ces précieux ingrédients nourrissant mon inspiration au quotidien. Le thème de ce troisième ouvrage, l'art de recevoir, leur va à merveille, car Papa et Maman Rivassoux sont des champions aussi bien à table qu'aux fourneaux ! Un immense merci à ma moitié, Gilles Luka, qui soutient tous mes projets avec autant d'enthousiasme que s'ils étaient les siens. Pour l'anecdote, c'est lui qui a soufflé l'idée de ce troisième tome en me voyant partager mes tables et mes petits plats sur Instagram tout au long de l'année. Nous aimons recevoir, et depuis mon plus jeune âge, je prends plaisir à dresser de jolies tables et à préparer des attentions pour nos invités. C'est une joie immense de partager cela avec vous, chers lecteurs.

Enfin, un grand merci à mes amis Estelle, Diana, Laurence, Léo et Chaouki pour vos précieux conseils et anecdotes qui ont enrichi cet ouvrage, et à tous les autres amis qui viennent régulièrement "jouer à la dînette" avec nous. Vous êtes ma source d'inspiration et de joie !

PEFC
10-31-2065
Certifié PEFC
Ce produit est issu de forêts gérées durablement et de sources contrôlées.
pefc-france.org

Cet ouvrage est composé de matériaux issus de forêts gérées durablement certifiées PEFC™.
Le Programme de reconnaissance des certifications forestières (PEFC™) est le plus grand organisme mondial indépendant de contrôle pour une gestion durable des forêts.
Pour en savoir plus, consultez le site www.pefc-france.org

Achevé d'imprimer en mars 2025
par Pollina à Luçon (85) - 500998
Dépôt légal : avril 2025

Imprimé en France